数坛英才录

凤凰出版传媒集团
江蘇教育出版社

图书在版编目(CIP)数据

数坛英才录/殷堰工著. —南京:江苏教育出版社,2008.11

ISBN 978-7-5343-8665-7

Ⅰ.数… Ⅱ.殷… Ⅲ.数学家-生平事迹-中国-现代 Ⅳ.K826.11

中国版本图书馆 CIP 数据核字(2008)第 182713 号

书　　名	**数坛英才录**
作　　者	殷堰工
责任编辑	宋　强
装帧设计	书衣坊
出版发行	凤凰出版传媒集团 江苏教育出版社(南京市马家街 31 号　邮编 210009)
网　　址	http://www.1088.com.cn
集团网址	凤凰出版传媒网 http://www.ppm.cn
照　　排	南京理工出版信息技术有限公司
印　　刷	南京新创连环画册印刷有限公司
厂　　址	南京江宁滨江开发区盛安大道 727 号(邮编 211178)
电　　话	025-66612233
开　　本	890×1240 毫米　1/32
印　　张	7.75
版　　次	2008 年 12 月第 1 版 2008 年 12 月第 1 次印刷
书　　号	ISBN 978-7-5343-8665-7
定　　价	12.00 元
批发电话	025-83260760,83260768
邮购电话	025-85400774,8008289797
短信咨询	10602585420909
E-mail	jsep@vip.163.com
盗版举报	025-83204538

苏教版图书若有印装错误可向承印厂调换
提供盗版线索者给予重奖

写在前面的话

早在上个世纪 80 年代，我在苏州教育学院数学系任教时，曾经给学生开设过多门选修课。其中的《初等数论》和《数学美选讲》都是自编讲义，前者的部分内容以《整数的整除性》为题已由江苏人民出版社正式出版，后者则由苏州市新闻出版局以内部准印证形式印了 1 000 册作为学生用书。而《数学史导引》当时用的是北师大出版社的教材，为了上好这门课，我除了认真研读教材之外，还看了许多数学史的著作，如国外 M. 克莱因的《古今数学思想》、J. F. 斯科特的《数学史》、H. 伊夫斯的《数学史概论》、B. B. 鲍尔加尔斯基的《数学简史》、A. E. 亚历山大洛夫的《数学——它的内容、方法和意义》，国内钱宝琮的《中国数学史》、李迪的《中国数学史简编》、梁宗巨的《世界数学史简编》以及《外国数学简史》、《中国数学简史》等等，从众多史料中吸取的营养对于我的教学帮助很大。也是为了教学的需要，我开始做了大量的资料卡片和读书笔记，张奠宙先生的《20 世纪数学史话》、《中国现代数学史话》两书的读书笔记分别发表在《中学数学教学参考》杂志和《书评报》上，其中第一本书的书评文章还获得了苏州人民广播电台"对我影响最大的一本书"征文奖；马忠林、王鸿钧先生《数学教育史简编》一书的读书心得发表在《民族教育报》上。关于数学史方面的读后感在《苏州日报》、《姑苏晚报》等地方报纸上也时有发表。

在阅读数学史料的过程中，数学家们对数学事业执着追求，为数学的发展呕心沥血甚至献出毕生心血的故事所带给我的震撼，深深地影响着我。在教学之余，宣传数学家的事迹成了我的一项分内工作。功夫不负有心人，几年下来，我在各家报纸杂志上陆续发表了数十篇介绍中外数学家的文章，涉及的数学名人近 80 人。后来，我调离了教育学院，写作自然停止，但对数学史的爱好仍然不改，我在业余时间里总会自觉或不自觉的看一些这方面的书籍和文章，每次都有收获。

假期里，我在整理自己发表的东西时，忽然有了把这些介绍数学家的文章结集出版的想法。在全面实施素质教育的背景下，这一内容的书籍既可供广大青少年课外阅读，又可作为爱国主义教育的素材，还能使爱科学、爱数学的意识深入人心，更何况这些文章本身已经发表过，质量上有了一定的保证。尽管这些文章的形式不同，有以传记形式出现的，有以故事形式出现的，且文章长短不一，但都围绕着数学家们的科学精神、人生道路、心路历程、丰硕成果等展开，其主题十分明确。

在尊重原文和原发表刊物的基础上，我尽力对这些文章进行了较大的修改并作了归类处理，特别是文风上的统一。

考虑到书稿的完整性，我利用业余时间于去年暑假期间又续写或重新整理了数位数学大师，特别是我国的一些著名数学家或数学教育家的事迹，努力使本书能做到科学性、知识性、通俗性、普及性、趣味性的有机结合，使之真正成为一本有益的科普读物。

必须指出的是，完成这些文稿参阅了众多的文章（包括一些网上的文章），这里难以一一列出，在此谨向原作者们表示深深的谢意。同时，为了让读者了解数学这门科学的发展概貌，特从网上下载了数学大事年表作为本书的附录1，并作了校勘，以尽可能地体现准确性，这里同样要向原作者表示感谢。限于本人水平，书中不足在所难免，特别是有关史实年代的准确性方面，还请读者批评指正。

殷堰工

2008年4月

目　　录

I 人物春秋

II 人物小传

III 人物撷趣

人物春秋

传奇数学家华罗庚

在中国，有一位数学家是家喻户晓的，这就是一代巨匠华罗庚。人们往往把这个名字当做“数学家”、“自学成才”的代名词。这位当代中国传奇数学家，在崎岖坎坷的道路上度过了光辉的一生。

在坎坷的小道上

1910年11月12日，华罗庚出生在江苏省的一个小县城——金坛。他父亲开着一家小杂货店，家境贫寒。华罗庚15岁中学毕业后，由于家境日趋衰落交不起学费而不得不失学了。失学后华罗庚便在小杂货店里帮助父亲料理店务。然而，酷爱数学的华罗庚并没有因此放弃，反而更加迷恋数学。他四处寻找数学书自学。当时，他所在的那个小镇上只有三本数学书可用：一本代数、一本几何以及一本仅50页的微积分，他都找来自学。在柜台上，常常一边放着账册、算盘，一边放着数学书。他差不多每天要花上几个小时钻研数学。有时，睡到半夜，他忽然想到一个解决数学难题的方法，便立即点上小油灯，把它写下来。他父亲看不懂那些数学书，以为儿子在看“天书”，对他说：“人生在世，最要紧的问题是吃饭。你应该殷勤招呼顾客，多做些买卖，不要死钻书本。”后来，看到儿子那么勤奋地学习，父亲被感动了，便不再阻止他看“天书”了。

俗话说：天有不测风云。就在华罗庚在美妙的数学世界中尽情畅游的时候，厄运降临到了他的头上。19 岁那年，金坛伤寒流行，身体虚弱的华罗庚也不能幸免，高烧达 42 度，医生认为他的病已经无望了。但出人意料的是，他战胜了死神，卧床半年后痊愈了，不过却留下了跛足的终身残疾。

巨大的打击并没能把华罗庚压垮，相反，他以顽强的毅力勤奋学习数学。“勤能补拙，熟能生巧”，华罗庚的自学之路最终通向了成功。

敢于向权威挑战

科学是真理，真理面前人人平等。既尊重权威又不迷信权威是科学家共有的优秀品质，华罗庚也不例外。

1929 年，年仅 19 岁的华罗庚从上海出版的《科学》杂志上看到一篇数学文章，谈到代数中的五次方程的解法。作者是一位名叫苏家驹的大学教授。文章很长，但华罗庚很快抓住了它的核心，经过独立运算，发现教授的解法中把一个 12 阶行列式算错了。“初生牛犊不怕虎”，华罗庚为此竟写了一篇题为《苏家驹之代数的五次方程解法不能成立之理由》的文章，寄给了《科学》杂志。一个名不见经传的小人物，向鼎鼎大名的数学家挑战了。他那缜密明快而别具一格的数学论文，很快发表在《科学》杂志第十五卷第二期上。论文的发表反映了华罗庚走向了一个新的起点，更反映了他那严谨的治学态度。同年，他还在《科学》、《学艺》等学术刊物上发表了好几篇论文，他的自学成果开始得到社会的承认。这激励着他向着更高目标迈进。

青出于蓝胜于蓝

华罗庚的论文《苏家驹之代数的五次方程解法不能成立之理由》公之于世后，引起了著名数学家、清华大学数学系主任熊庆来教授的重视，他四处打听华罗庚。他以为华罗庚是国外留学回来的，但归国留学生联合会却从未听说过他。后来，还是一位江苏籍的教员唐培经告诉熊庆来，华罗庚不过是一所初级中学的事务员。这让熊庆来大为吃惊。这位有远见，会用人，爱良才的前辈大师决定邀请华罗庚来清华大学，并在信中让华罗庚寄一张照片，以便派人在车站接他。唐培经拿着照片在北京火车站接到了华罗庚。华罗庚给熊先生的第一印象是：蓬乱的头发，残疾的左腿，稚气里带点痴呆的面孔。但是，熊庆来透过"乡气"的表面，洞察到这位青年的"内秀"。一经晤谈，他就喜欢上了这个青年人。从此，在数学这条战线上，老一辈大师同初出茅庐的青年结下了深厚的情谊。

由于华罗庚没有大学文凭，熊庆来只能安排他在数学系当图书管理员。勤奋好学的华罗庚不到一年半光景，就旁听了数学系的全部课程。在熊庆来的关怀和指导下，才 24 岁的华罗庚已能用英文写数学论文，25 岁时，他的论文就引起了国外数学家的重视。在熊庆来和理学院院长叶企荪的全力推荐和争取下，华罗庚被破格任命为数学系助教，不久又晋升为讲师。一个乡间来的毛头小伙子，居然在中国的最高学府站稳了脚跟，这实在是一个奇迹。

华罗庚在熊庆来的关心下，开始专注于数论研究，并取得了举世瞩目的成果。后来，华罗庚被列为访问学者来到学术圣地——英国剑桥大学。在剑桥的两年中，华罗庚不负熊先生的期望，发表了10多篇高质量的论文。

“青出于蓝而胜于蓝。”解放后，华罗庚以其累累的数学成果享誉海内外，并被选为全国人大常委、科学院学部委员、中国数学会理事长，担任了中国数学研究所所长，他的恩师熊庆来教授却只是华罗庚领导下的一名研究员。然而，华罗庚对待老师的态度并没有因身份、地位的改变而有任何变化。他对熊庆来言必称熊老师或熊老，对熊庆来的夫人，华罗庚一向以熊师母称之。

纯真赤子报国心

1946年秋，迫于白色恐怖，华罗庚曾远渡重洋，来到世界数学中心——美国普林斯顿高级研究所工作两年，随后便被伊利诺大学聘为教授。该校不惜重金，以一万美元年薪与他订立终身聘约，给他配备了四个助手和一个打字员。他的住房有四间卧室，两间浴室，还有一间可容纳五六十人开酒会的客厅。优厚的待遇并未改变华罗庚对祖国的向往。1949年，新中国的诞生，更加激发了他的爱国热忱。他毅然放弃了在美国的“阔教授”生活，冲破重重封锁，回到祖国的怀抱。在横渡太平洋的船上，他致信留美同学：“为了抉择真理，我们应当回去；为了国家民族，我们应当回去；为了为人民服务，我们应当回去……为我们伟大祖国的建设和发展而奋斗。”他爱国不怕险，拳拳赤子报国心。当时的《光明日报》记者曾报道过华罗庚刚回国时的生活：“我去清华大学宿舍里看见他的时候，在一间拥挤着五张床和箱子杂物的小房间里，他一家正在唯一的一张狭长的小桌上吃午饭……”这样的生活，远比在美国的“阔教授”生活艰苦得多。然而，华罗庚以苦为乐，忙着写讲义、开课。

回国后的华罗庚正是在极其艰苦的条件下，乐此不疲地追求着数学的真谛，最终成为蜚声中外的数学大师。他是我国解析数论、典型群、矩阵几何学、自守函数与多复变函数论等很多方面研究的创始人与开拓者。他的著名学术论文《典型域上的多元复变函数论》，由于应用了前所未有的方法，在数学领域内做了开拓性的工作而获 1956 年国家自然科学一等奖。其成果被国际数学界命名为“华氏定理”、“布劳威尔—加当—华定理”。华罗庚一生精勤不倦，奋斗不息，著述很多，研究领域很广，共发表学术论文约 200 篇，专著 12 部，其中 8 部在国外翻译出版，有些已列入 20 世纪数学经典著作之列。特别是 1983 年世界最著名的科学著作出版社——德国的施普林格出版社出版了《华罗庚论文选集》，使他的科学声誉达到了顶点。美国著名数学家伯斯评价说：“华罗庚绝对是第一流的数学家。”国际数学界的最高奖——菲尔兹奖获得者西尔伯格曾说过：“如果华罗庚一直留在美国的话，他本来会对数学作出更大的贡献，当然他回国对中国数学也是十分重要的。很难想象，如果他不回国，中国数学会怎样。”

华罗庚又是我国最早把数学理论研究和生产实践紧密结合作出巨大贡献的科学家。20 世纪 50 年代末，他开始走出书斋和课堂，把数学方法创造性地应用于国民经济领域，把抽象复杂的数学原理通俗化，发明了具有实用价值的“优选法”和“统筹法”。他先后到过 20 多个省、市、自治区，深入上千个工矿、企业、农村、工地，亲自向工人、农民、战士和工程技术人员讲解，取得了显著的经济效益，培养了一支为国民经济服务的科普队伍。他的科学成就得到了国际学术界的充分肯定，先后被选为美国科学院外籍院士，第三世界科学院院士，法国南锡大学、美国伊利诺大学、香港中文大学荣誉博士，联邦德国巴伐利亚科学院院士，他的名字进入了美国芝加哥科技博物馆所列的当今88位数学伟人之中，这是我国唯一获此殊荣的数学家。

华罗庚的一生是献给中国现代数学事业的一生。他说过："中国是我的祖国，我的家乡。我是穷人出生，革命有利于穷人，我想我可以做一些对中国数学重要的事情。"他曾写道："学术权威似浮云，百万富翁若敝屣，为人民服务，鞠躬尽瘁而已。"这些朴实无华的语言表达了这位爱国者的抱负。1985年，74岁高龄的华罗庚东渡日本，6月12日当他正在做学术报告时，心脏病突发，当晚22时，这位中国最杰出的数学家永远地离开了我们。

甘为人梯留佳话

华罗庚教授不但在几何、代数、分析三大数学领域建树甚大，堪称独步中国数坛，而且精心扶持年轻一代，使他们茁壮成长，著名数学家陈景润的脱颖而出就是其中的典型例证。

1955年，还在厦门大学工作的陈景润写了一篇题为《他利问题》的论文，华罗庚发现后非常重视，特邀他来北京参加全国数学论文宣读会。在华罗庚的亲自引荐下，陈景润走上讲台，面对来自全国各地的200多位专家学者，报告了自己的研究成果。华罗庚听了后高兴地说："如果你愿意，我想和你们学校商量，把你调到北京来工作。"华罗庚下决心要把这个有为青年培植成才。不久，便派陆启铿研究员千里迢迢到了厦门，经过一番奔走，终于如愿以偿，陈景润成了中国科学院数学研究所的一名实习研究员。在华先生的指导和培育下，陈景润相继发表了几十篇数学论文，其中，《大偶数表为一个素数与一个不超过二个素数的乘积之和》的论文取得了关于举世闻名的"哥德巴赫猜想"迄今世界上最好的结果，震惊中外，凭借此项成果陈景润获得了1982年国家自然科学一等奖。

此外，华罗庚还与自己的学生王元教授合作，开展了近代数论方法在近似分析上的应用的研究，取得了重要成果，被国外同行称为"华—王方法"。华罗庚说得好："我愿意作一个攀登科学高峰的'人梯'，让年轻人踏着我的肩膀上去。"他是这样说的，也是这样做的。他一生培养了许多出类拔萃的数学人才，如王元（原中国数学会副理事长）、陈景润、陆启铿（原中国科学院数学研究所副所长）、龚升（原中国科技大学副校长）等都是国内一流的中年数学家，在世界上也有相当的影响。

为了发现更多的英才，华罗庚积极倡导并组织了新中国的中学生数学竞赛，引导青少年从小热爱科学。他精心地为中学生写作课外读物和自学丛书多种，深入浅出地普及数学知识，激发了广大中学生学习数学的兴趣。1984年，他荣获科普作品奖，1985年，上海教育出版社出版了《华罗庚科普著作选集》。华罗庚的影响已超出数学的范围，他的活动在整个中国现代文化史上有重要的地位。

华罗庚为我们广大青少年留下了许多宝贵的治学经验。他曾说过："科学上没有平坦的大道，真理的长河有无数礁石险滩。只有不畏攀登的采药者，只有不怕巨浪的弄潮儿，才能登上高山采得仙草，深入水底觅得骊珠！""天才在于积累，聪明在于勤奋。”“猛攻苦战是第一，熟练生出百巧门，勤能补拙是良训，一分辛苦一分才。”这些不仅是华罗庚教授成功的秘诀，而且是极为珍贵的座右铭。他的精神将永远是激励后人攀登科学高峰的力量源泉。

“微分几何之父”陈省身

我们的希望是在21世纪看见中国成为数学大国。

——陈省身

2004年12月3日，对于国际数学界来说，是个悲痛的日子，国际数学大师、中科院外籍院士陈省身在天津病逝，享年93岁。

求学的历程

陈省身，美籍华裔数学家，1911年10月26日生于浙江嘉兴。少年时就喜爱数学，觉得数学既有趣又较容易，并且喜欢独立思考，自主发展，常常“自己主动去看书，不是老师指定什么参考书才去看”。陈省身1927年进入南开大学数学系，该系的姜立夫教授对陈省身影响很大，在南开大学学习期间，他还为姜立夫当过助教。陈省身1930年从南开大学毕业，1931年考入清华大学研究院，成为中国国内最早的数学研究生之一。在孙光远博士的指导下，陈省身发表了第一篇研究论文，内容是关于射影微分几何的。受1932年4月应邀来华讲学的德国汉堡大学教授布拉希克的影响，他确定了以微分几何为以后的研究方向。1934年，陈省身从清华大学研究院毕业，同年，得到汉堡大学的奖学金，赴布拉希克所在的汉堡大学数学系留学。在布拉希克研究室他完成了博士论文，研究的是嘉当方法在微分几何中的应用，1936年获得博士学位。从汉堡大学毕业之后，他来到巴黎。1936年至1937年间在法国几何学大师E. 嘉当那里从事研究。E. 嘉当每两个星期约陈省身去他家里谈一次，每次一小时。大师面对面的指导，使陈省身学到了老师的数学语言及思维方式，终身受益。陈省身数十年后回忆这段紧张而愉快的时光时说："年轻人做学问应该去找这方面最好的人。"

不凡的业绩

陈省身先后担任我国西南联大教授，美国普林斯顿高等研究所研究员，芝加哥大学、伯克利加州大学终身教授等职，是美国国家数学研究所、南开大学数学研究所的创始所长。他是前中央研究院首届院士（1948年），美国国家科学院院上（1961年），第三世界科学院创始成员（1983年），英国皇家学会国外会员（1985年），意大利国家科学院外籍院士（1988年），法国科学院外籍院士（1989年），并于1994年当选为中国科学院首批外籍院士。

陈省身的研究范围极广，包括微分几何、拓扑学、微分方程、代数、几何、李群和几何学等多方面。他是创立现代微分几何学的大师。早在20世纪40年代，他结合微分几何与拓扑学的方法，完成了黎曼流形的高斯—博内一般形式和埃尔米特流形的示性类论。他首次将纤维丛概念应用于微分几何的研究，引进了后来通称的陈氏示性类，为大范围微分几何提供了不可缺少的工具。他引进的一些概念、方法和工具，已远远超过微分几何与拓扑学的范围，成为整个现代数学的重要组成部分。他先后发表过数学论文 158 篇，出版过《陈省身论文集》(4 卷)以及《陈省身文选》等著作。陈省身还是一位杰出的教育家，他培养了大批优秀的博士生。他本人也获得了许多荣誉和奖励，例如 1975 年获美国总统颁发的美国国家科学奖，1983 年获美国数学会“全体成就”靳蒂尔奖，1984 年获沃尔夫奖。中国数学会在 1985 年通过决议，专门设立陈省身数学奖。他是有史以来唯一获得数学界最高荣誉“沃尔夫奖”的华人，被称为“当代最伟大的数学家”，被国际数学界尊为“微分几何之父”。

在国际数学界，有一首诗广为流传：“天衣岂无缝，匠心剪接成。浑然归一体，广邃妙绝伦。造化爱几何，四力纤维能。千古存心事，欧高黎嘉陈。”这首诗是 1975 年诺贝尔奖获得者杨振宁写给陈省身的。最后一句“欧高黎嘉陈”中，杨振宁把陈省身和数学史上的欧几里得、高斯、黎曼和嘉当并列，称他为数学史上的第五人。韦伊曾说：“我相信未来的微分几何学史一定会认为他是嘉当的继承人。”菲尔兹奖得主、华人数学家丘成桐这样评价他的老师：“陈省身是世界上领先的数学家……没有什么障碍可以阻止一个中国人成为世界级的数学家。”

2000 年，陈省身定居南开大学，被天津市授予永久居留权。2004 年 11 月 2 日，经国际天文学联合会下属的小天体命名委员会讨论通过，国际小行星中心正式发布第 52733 号《小行星公报》通知国际社会，将一颗永久编号为 1998CS2 号的小行星命名为“陈省身星”，以表彰他对全人类的贡献。

爱国的楷模

陈省身非常爱国，对自己的生活要求又很低。在陈先生居住的南开宁园，几乎看不到任何的奢华，会客厅是水泥地面，沙发、桌椅还都是20世纪80年代的老款式，椅套已经洗得发白，唯一高档的是一台电脑。“别看陈先生的家里很简朴，可南开最早的三辆汽车都是陈先生从国外带来并送给学校的，其中还有一辆奔驰。”这是广泛流传于南开的一段佳话。1998年，陈省身捐出了自己财产的三分之一——100万美元，建立“陈省身基金”，支援南开数学所的发展。他还把世界最高数学奖——沃尔夫奖的5万美元奖金和一万余册藏书也全部捐赠给南开大学。对此，陈先生也只有一句淡淡的话语：“家里人都支持我，南开数学研究所也是我钟爱的‘幼子’。”陈先生常说：“数学家要淡泊名利，对外界评价不要太关心。”

陈先生对数学的执著，同样令人感动。他93岁高龄仍去图书馆查阅资料，他说：“留给我的时间已经不多了，真希望每天24个小时都能用在数学上。”陈先生还是一个风趣、甚至有些童趣的长者。“我爱喝红酒，家里面有很多藏酒，最喜欢跟朋友一起喝。”“2003年我自己做了2000多本挂历，我就想告诉大家数学其实很有趣，现在这些挂历全被同事、朋友、学生们抢完了。”

爱国情结、学识渊博、谦逊和蔼、淡泊名利、宽容慈爱，这些正是陈省身这位大师的风貌。

首届国家科学技术奖获得者吴文俊

在我国在世的数学家中，最负盛名的数学家，当推首届国家科学技术奖获得者吴文俊，他堪称我国科学界的国宝级人物。

名师引路

吴文俊 1919 年 5 月出生于上海。1932 年“一·二八”事变后，刚上初中的吴文俊随家人到乡下逃难，局势平稳后回到学校，几何课已经讲到“圆”了。结果，一次考试他得了 0 分，十分沮丧。放假期间，学校组织补课，那位补课的数学老师讲得非常好，激起了吴文俊对数学的兴趣，假期之后他的数学成绩突飞猛进，很快就上升到第一名的位置。从此他的数学成绩一直很好，但对数学并无偏爱。他说：“我的兴趣很杂。在大学二年级之前，最有兴趣的是物理课。但是到了二年级就差了，这跟抗战有关。学校从郊区搬到租界里面，那就杂乱无章了。”1940 年，他从上海交通大学数学系毕业后到上海租界的一所中学教书，次年日军侵入上海租界，吴文俊失业半年。为生计所迫，吴文俊再上讲台，繁重的教务工作，令他有五年半的时间没搞数学研究。“再有半年，我的数学可能就完全荒废掉了。”回忆起这段往事，吴文俊非常感慨。恰巧在这个时候，经朋友介绍，他结识了从美国回来的数学家陈省身教授，这是他人生道路上最重要的一个转折点。他说：“真正感兴趣，预备当数学家，那是在大学三年级的时候。有一位老师讲的课特别吸引我，那就是我的武老师，他改变了我对数学的看法，我就上了道。后来陈省身老师将我引上了拓扑学研究的正途。”

1946 年春，在北平清华大学任教的数学家陈省身教授来到上海，组建中央研究院数学研究所。当时吴文俊在上海临时大学做郑太朴教授的助手。当年 8 月，他第一次见到陈省身教授，之后很快被吸收到数学研究所任助理研究员，开始了拓扑学的研究。其后，吴文俊曾赴法国斯特拉斯堡大学学习，先后在斯特拉斯堡、巴黎、法国科学研究中心进行数学研究，1949 年获博士学位，1951 年回国。这些难得的学习经历使吴文俊深得其益，他以自己的天才和功力很快在这一领域崭露头角。由于吴文俊在代数拓扑领域中关于示性类和示嵌类研究的出色成果，1956 年，37 岁的吴文俊与华罗庚、钱学森一起获得建国以来首届国家自然科学奖一等奖。第二年他就成了中国科学院最年轻的学部委员(院士)。1974 年，吴文俊开始研究中国数学史，从中国古代传统数学瑰宝中吸取养料，为中国数学发展开辟了崭新的方向。他把中国传统数学的思想概括为机械化思想，指出它是贯穿中国古代数学的精髓。他发现，中国的传统数学是从问题出发，以解决问题为主。而为了解决问题，往往引导到解方程；为了解方程，又必须一步一步地计算。用现在的方式来讲，就是要有一个算法。根据这个算法，就能编成程序，告诉计算机来做。这是中国数学的特色，跟西方现在的方式完全不一样。这是让中国人感到很自豪的事。“文革”后，吴文俊另起炉灶，重新学习很多新的东西。当时计算机刚刚问世，他看准未来发展的方向，一头扎进计算机里，而此时他已届花甲之年。当时中国计算机的数量还很少，吴文俊所在的中科院数学研究所也只有一台从罗马尼亚进口的计算机，由于机少人多，吴文俊有时就趁下班后来上机。所里的人感慨地说，尽管吴先生年事已高，但就上机所花的时间而言，系统研究所里没有人能比得上他。1976 年，吴文俊毅然放弃已成就卓著的拓扑学研究，开始向他学术生涯的第二个高峰——数学机械化冲击。第二年，吴文俊关于平面几何定理的机械化证明首次获得成功，从此，完全由中国人开拓的一条数学道路铺展在世人面前。

硕果累累

数十年间，吴文俊不仅建立了“吴公式”、“吴示性类”、“吴示嵌类”、“吴方法”、“吴中心”，更形成了“吴学派”。近代数学史上第一次由中国人开创的这一新领域，吸引了各国的众多数学家，因为“手工计算上千项的证明要几天工夫，用计算机 1 秒钟就可以完成”。

诺贝尔奖没有设数学奖，人们通常把“菲尔兹奖”誉为数学中的诺贝尔奖。吴文俊的工作被 5 位菲尔兹奖获得者引用，其中，有 3 位的获奖工作还使用了吴文俊的方法。

吴文俊还特别重视数学机械化的应用，在他的影响下，中科院数学与系统科学研究所成立了数学机械化研究中心，对

"吴方法"和"吴消元法"进行大量的后续性研究工作。在这个中心,吴文俊的成就被应用于若干高科技领域,得到一系列国际领先的成果,包括曲面造型、机器人机构的位置分析、智能计算机辅助设计、信息传输中的图像压缩等。在吴文俊的带领和影响下,这个中心已经形成了一支高水平的数学机械化研究队伍,在国际上被称为"吴学派"。

2001 年 2 月 19 日,在人民大会堂,中国数学机械化研究的创始人吴文俊从国家主席江泽民手中接过"国家最高科学技术奖"证书,并获得 500 万元的高额奖金。谈到当时的心情,吴老说:"一方面感到是一种荣誉,同时也是一种责任,责任重大。"他重重地说了后面 4 个字。

国际机器证明研究领域的权威人物 J. S. 穆尔这样评价吴文俊的贡献:"在吴文俊之前,机械化的几何定理证明处于黑暗时期,而吴的工作给整个领域带来光明。"

吴文俊获得过首届香港求是科技基金会杰出科学家奖、陈嘉庚数理科学奖、第三世界科学院数学奖、2006 年度邵逸夫数学科学奖等 8 项科学大奖。邵逸夫奖评审委员会称,吴文俊的这些科研成果不仅对数学研究影响深远,还在许多高科技领域得到应用。吴文俊是中国最具国际影响的数学家之一,他的成就缩短了中国现代数学与国际上的差距,长了中国人的志气。

兴趣广泛

吴文俊的兴趣相当丰富,活力不亚于年轻人。他酷爱围棋,且是业余高手;他爱好看电影,不仅有苦候退票的经历,也有泡电影院误了末班车徒步回家的事;他更热爱读书,按他自己的说法是"随便乱买",种类很多,那些书绝大部分是中外文的数学资料，其余多是与历史有关。为了节省时间，平时他节制业余爱好，“读小说也只读短篇，怕长篇误事，耽误时间”。吴老的家朴实无华得近乎简陋，地板和墙壁好像和主人的岁数差不多。虽有 5 个房间，但是他的书要两三个房间才容纳得下，屋里到处都有书。吴文俊有这样一句话：“我不相信天才，但相信灵感。我有种怪论，数学是给笨人干的，一些人干数学就不合适。”或许，这句话对于我们来说是值得回味的。

攀登者的足迹

在中国现代数学史的丰碑上，镌刻着一个伟大的名字，他就是与华罗庚、苏步青齐名的我国“三大数学家”之一的陈建功。他那富有传奇色彩的一生，勾画出了一个为我国的数学事业不懈努力、勇攀高峰的数学家的足迹。

从小立下报国志

1893 年 9 月，在美丽富饶的浙江绍兴，降生了一个白白胖胖的男孩。男孩的父亲特意为儿子取名为“陈建功”，期待他日后能建功立业。

绍兴是个具有爱国主义传统的历史名城。陈建功小学就读于以明末大儒刘蕺山命名的蕺山书院，与著名史学家范文澜是同学。越王勾践卧薪尝胆、南宋陆游力主抗金等故事，在他幼小的心灵里留下了深深的印迹。

初中时，陈建功就读于鲁迅先生执教的绍兴府学堂。当时正值革命党起义，他亲眼目睹了“鉴湖女侠”秋瑾为推翻帝制在绍兴轩亭口英勇就义的场景，他的心灵深处又一次受到极大的震动。1910年，陈建功进入杭州高级师范学校，从那时起，他开始接触数学，并喜爱上了这门古老而又新奇、严密而又深奥的科学。他暗暗立下科学救国的志向。

三渡东瀛建奇功

1913年，年仅21岁的陈建功向一位同学借钱作路费，漂洋东渡，去了日本。不久，便获得了当时中国政府给予工科学生的官费留学待遇，考入东京高等工业学校，学习印染技术。

可是，他渴求数学知识的愿望并未得到满足。于是在学习印染技术之余，他又去东京物理学校(夜校)兼攻数学。就这样，他白天学化工，夜间念数学。经过2 000多个艰辛的日日夜夜，他终于在1919年春学成回国，到浙江甲种工业学校(浙江大学工学院前身)教印染课程，著名作家夏衍便是当时他班上的学生。

1920年，陈建功第二次东渡日本，考入了仙台东北帝国大学数学系，由此走上了职业数学家的道路。一年后，他在《东北数学杂志》上发表了被称为“标志了中国现代数学的兴起”的著名论文《关于无穷积的一些定理》，四年后以优异的成绩毕业并被聘为国立武昌大学数学系教授。其专著《实函数论》便是那时的成果，该著作在很长一段时间内都是国内各大学的数学教材。

为了深入到数学研究的前沿阵地，陈建功于1926年再渡东瀛，到母校当研究生，研究方向是三角级数论。在异国，他耳闻目睹中国人在国外受人侮辱欺凌，心中郁结着无限的悲愤，决心为振兴中华贡献一份力量。他在藤原松三郎教授的指导下，于 1929 年获得了理学博士学位，成为第一位在日本获得这一荣誉的外国科学家。藤原松三郎曾说过这样的话："我一生以教书为业，算不上有多大成就，不过教出了一个学生陈建功，却是我最大的光荣。"

为国育人为己任

取得了博士学位的陈建功一直记着 16 年前第一次东渡日本时立下的志愿——以报国为己任。他打定主意，要为国家多多培养数学人才。于是，他放弃了优厚的待遇，对苦苦挽留他的藤原教授道出了一位爱国科学家的心声："先生，我来求学，不是为了我个人，而是为了我的祖国。"就这样，陈建功毅然告别了自己的恩师和朋友，回到了日思夜想的祖国。

回国后的陈建功同时收到北京大学、武汉大学、浙江大学三所学校的教授聘书。他最后选择了离家乡最近的浙江大学任数学系主任，并将自己的心血毫无保留地付诸于下一代。

陈建功讲课的特点是当场演算，就是把他所讲的公式、定理、法则都在黑板上当场推导出来，让学生从中体会到公式、定理、法则的来龙去脉，从而感受创造性研究的过程和境界。

陈建功对学生的要求也十分严格，一件小事，可见一斑：一次，两个学生做不出习题，向他发问。他先把两个学生训斥了一顿："有书，有讲义，又给你们讲了课，这就指明道路了，有问题应该自己思考解决。"然后再围绕学生所提出问题的基本理论和方法，反问他们，引导他们，直至弄懂弄通。最后，再指出他们分析处理这道难题的思路，让他们自己独立地解决该问题。

1931 年，苏步青学成归国，陈建功真诚相邀，把苏步青请到了浙江大学数学系。陈建功主动辞去数学系主任的职务，让年富力强的苏步青担任，演出了一则中国的“巴鲁让贤”之剧，在人才发展史上留下了光辉的一页。其后，著名数学史家钱宝琮的加盟，更使浙江大学数学系如虎添翼，成为当时国内最有影响的数学系科之一。

抗战八年给陈建功带来的是颠沛流离的生活，但他并未因此间断数学研究工作，不仅带出了现为中科院院士的程民德这样出色的研究生，而且还在美国数学杂志上连续发表了10多篇高水平的论文。

焕发青春更上楼

新中国的诞生，给陈建功注入了无穷的活力。尽管当时他已年过半百，作为数学家来说，似乎已过了黄金时代，但是，作为我国现代数学事业的奠基人之一，他并没有就此止步。他积极投身于轰轰烈烈的社会主义建设运动中去，为培养新中国数学人才不遗余力。

在教学工作的同时，他还撰写了《直交函数级数的和》、《三角级数论》（上下册）、《单叶函数论中的一些问题》、《复变函数的几何理论》等数学专著，研究触角进入了三角级数、直交函数级数、单叶函数、函数逼近论、广义解析函数以及偏微分方程等许多分支。在培养人才方面，陈建功也成绩斐然，他的学生遍布全国。特别值得一提的是，国内各著名大学的数学系主任、教授中有许多是他当年的学生。从解放到1970年逝世，陈建功先后在浙江大学、复旦大学、杭州大学任教，担任过杭州大学副校长、复旦大学副校长、中国科学院学部委员（院士）、中国科学院数学研究所研究员、中国数学会副理事长、浙江省科技协会主席等职务，获得过国家科学奖。尤为难能可贵的是，当时为了学习前苏联的数学研究先进成果，陈建功以年近花甲之龄，刻苦学习俄文，翻译了前苏联数学家格鲁金关于复变函数的专著。

光彩照人美名扬

陈建功留给后人的，不仅是他的数学成果和数学著作，他那光彩照人的高尚品德，同样为后人所称颂。

解放初期，他将当时正在浙江大学机电系学习的大儿子送进军事干校，后来又将儿子送上抗美援朝的前线，并鼓励儿子为国家出力，保家卫国。在他担任复旦大学、杭州大学领导职务期间，一次次谢绝了同事们提出的给他夫人升级加工资的建议。

“十年动乱”给中国科坛带来了空前的灾难。“文革”一开始，陈建功便被一些别有用心的人当做浙江省最大的资产阶级反动学术权威而打倒了。他虽不善言辞，但仍以一个正直科学家的良知进行抗争。年过古稀的他顶着一股股凶狠的恶流挺立着，1970 年 4 月 11 日，陈建功因病，带着对中国数学事业的忧虑，溘然而逝于浙江中医院。去世前不久，他还写信给老友周建人，关心中国数学事业的前途，其情其意可歌可泣。

1981 年的金秋十月，杭州大学数坛名家盛聚，隆重召开陈建功逝世 10 周年纪念会。人们缅怀他的科学业绩，追思他的高尚品德。陈建功的 6 位高足程民德、夏道行、龚升、任福尧、谢庭藩、王斯雷还在《自然科学年鉴》上联合发表题为《一代学者陈建功的学术境界》的文章，介绍陈建功的科学造诣，颂扬他的优良学风。文章写道：“陈建功的崇高理想是要改变我国科学落后的面貌，用辛勤劳动培养了一批人才，建立一个包括他自己在内的国际第一流的数学学派。只有从这一点出发，我们才能理解他总以'大器晚成'自勉的真正含义。"

陈建功虽然没有看到20世纪80年代的科学的春天，更没有看到20世纪90年代科教兴国的盛举，但他如地下有知，当会欢欣鼓舞。

中国现代数学的先驱者熊庆来

熊庆来(1893～1969),字迪之,1893 年 9 月 11 日出生于云南省弥勒县息宰村,其父是一个思想开明的公务员。从童年时代起,家人便给熊庆来营造了一个学习自然科学的环境和气氛,而他不负父辈之厚望,聪明,勤奋,好学,14 岁便考入云南方言学堂,以后直升云南高等学堂。此时,清政府已摇摇欲坠,反封建运动风起云涌,熊庆来受进步思潮的影响,参加了争取云南七府采矿权的斗争。1911 年,武昌起义的消息传来,熊庆来大为振奋,决心摆脱愚昧,用科学去争取中国美好的未来。然而辛亥革命的战火连绵不断,云南高等学堂被迫停办,熊庆来只能考入云南英法文专修科学习法文。20 岁那年以第三名的优异成绩考取赴比利时留学公费生。他怀着"勤勉钻研,报效祖国"的大志远渡重洋,来到了西欧。不料,第一次世界大战爆发,比利时沦陷,熊庆来几经辗转来到法国巴黎,过度的劳累使他染上了肺结核。一年后,病未痊愈的他开始了职业数学家的生涯。他先后就读于格洛诺布大学、巴黎大学、蒙柏里大学、马赛大学，系统地学习了数学、力学、天文等诸多学科并获理科硕士学位。

1921年，熊庆来从异国他乡回到了亲爱的祖国。不久，便被国立东南大学（现南京大学）请去创办数学系，成为该校第一任数学系主任、数学教授，时年28岁。在那里，他先后自编了《平面三角》、《球面三角》、《方程式论》、《解析几何》、《微分方程》、《偏微分方程》、《力学》、《动学》（即运动学）等十多种讲义，其中有多本被商务印书馆选入大学丛书而广为流传。1926年，清华学校改办成大学，熊庆来应邀赴该大学理学院担任算学系主任。在他的领导下，该系很快成为全国的数学中心。1930年，发生了两件令数坛震惊之事。一是已担任了理学院院长的熊庆来创办了我国第一个数学研究机构——算学系研究部，导师除他本人外，还有学有造诣的杨武之（诺贝尔奖获得者杨振宁之父）、江泽涵（中国数学会副理事长）等，最早的研究生则有陈省身（美国数学会主席）、吴大任（中国数学会名誉理事长）等；二是熊庆来慧眼独具，发现了中国现代数学的一颗新星华罗庚，这段人才佳话随着电视片《华罗庚》的播放而家喻户晓。

1931年，熊庆来为准备代表中国第一次出席在瑞士苏黎世召开的国际数学会议，先期到达巴黎作专门研究。两年后创立了被欧洲数学家誉为熊氏无穷极的理论，并由此被授予法国国家博士。回国后，他致力于发现人才、培养人才的工作，对于才华横溢的学生，他不仅尽心培育，而且还自己出资帮助他们出国深造。其中许多学生成了国内外著名的科学家，如陈省身、华罗庚、赵忠尧（物理学家）、严济慈（中科院副院长）、许宝碌（中科院院士）、柯召（中科院院士）、朱德祥（云南师大校长)、庄圻泰(数学家)、田方增(数学家)……真可谓桃李满天下。1935年,德高望重的熊庆来成为中国数学会第一任理事之一。1937年,受家乡人民重托的熊庆来离开清华园,来到阔别16年的故乡,出任云南大学校长。不久,"七七"卢沟桥事件发生,抗日的战火蔓延中原大地,各方面的人才大批南下。爱才、惜才、识才的熊庆来趁此机会,邀请了何鲁(数学教育家)、庄圻泰、赵忠尧、吴晗(历史学家)、顾颉刚(历史学家)、费孝通(社会学家)、吕叔湘(语言学家)等来校任教,一时间云南大学名声大振,很快成为全国的一个文化中心。1949年6月,他赴巴黎出席联合国教科文学术会议,不料云南大学被宣布解散。消息传到巴黎,熊庆来为之震惊和愕然,只得流落于巴黎,在数学中寻找他的一份欢乐。1950年春,他突然病倒,虽经多方治疗,他的右手失去了活动功能。但他毫不气馁,以顽强的毅力用左手写出了几十篇论文。

新中国成立后不久,党和人民十分关心这位中国现代数学的先驱者。敬爱的周总理曾三度写信邀请熊庆来回国工作。熊庆来对于总理的函召欣然从命,他终于回到了祖国的怀抱,并在中国科学院数学研究所任研究员。此后,他以百倍的努力投入数学研究和人才培养工作。在1957年至1964年短短的七八年间,他在国内外一流数学刊物上发表了近20篇高质量的论文,在这么短的时间里,抱病且用左手做出了如此之成就,其中付出的艰辛是何等巨大!1963年,已入古稀之年的熊庆来又录取了杨乐、张广厚这两名数坛新秀为研究生,在他的悉心指导下,杨、张两人不负厚望,创立了为国际数学界注目的"杨—张定理"和"杨张不等式"。

正当熊庆来面对社会主义祖国展现的一片新面貌"不知老之已至"之时,一场史无前例的政治风暴席卷中华大地,这场浩劫给这位爱国数学家带来了空前的灾难。1969 年 2 月 3 日，他怀着对中国数学事业的衷心期待，终于闭上了智慧的双目。然而，洒满他热血的祖国数坛上，已经绽开了朵朵奇葩，这是对他的最好告慰。

中国现代控制理论的开拓者与传播人关肇直

关肇直(1919～1982),原籍广东,生于天津。1927 年进入北京培华中学附属小学学习,1931 年入英国人办的北京崇德中学学习。学校对英语要求十分严格,加上关肇直自小就跟父母学英语、德语,为他日后掌握英、德、法、西班牙、俄等多种外语奠定了基础。关肇直 1936 年高中毕业,考入清华大学土木工程系,1938 年进入燕京大学数学系学习,1941 年毕业后,任教于燕京大学。在此期间,关肇直目睹日本法西斯的野蛮暴行和政府的腐败无能,便积极投身中国共产党领导的革命活动。他曾在南迁成都的燕京大学数学系代理系务,当时的校务长司徒雷登十分器重他。作为校务长,司徒雷登不能听任关肇直在“危险”的政治道路上“滑下去”,企图以出国留学诱使他放弃斗争。于是,他亲自推荐关肇直去美国华盛顿大学留学。但出乎意料的是,关肇直在收到司徒雷登的推荐信后,复了他一封长信,谴责美国政府的对华政策,并断然拒绝出洋留学。时隔不久，一份优厚的美国国务院奖学金再次为他赴美留学提供机会，他仍不为所动。

1946年经友人介绍，关肇直到北京大学数学系任教。次年他加入中国共产党。就在这一年，经党组织批准，他通过考试成为国民党政府派遣的中法交换生赴法国留学。在巴黎大学庞加莱研究所，他一边研究数学，一边从事革命活动。回国后，关肇直立即参与组建中国科学院的工作。他是科学院首届党组成员之一，直接参与了科学院图书馆的建设工作，担任过编译局处长、图书管理处处长等职。1952年他参加了筹建中国科学院数学研究所的工作，并开始在数学研究所从事他渴望已久的数学研究。1979年正值他60周岁之际，又以极大的热情参与中国科学院系统科学研究所的创建，我国有关数学发展的许多重要方针、措施，均与关肇直的指导思想息息相关。他在科研工作中提出了"要为祖国建设服务，要有理论创新，要发扬学术民主，要开展学术交流"的四条原则，并反复强调理论联系实际，重视学科发展的实际背景以及研究课题的工程意义。晚年他还主编出版了《现代控制理论》丛书，为普及推广这一新兴学科作出了积极贡献。

关肇直从我国具体情况出发，重视薄弱学科的发展，适时地带领青年人开拓新的研究领域，发展新的学科。20世纪50年代，国际上刚刚开始非线性泛函分析用于近似方法的研究工作，他抓住时机，带领青年人开展这一领域的研究并取得了重要成果。1956年他在《数学学报》上发表了论文《解非线性方程的最速下降法》，对单调算子理论的成长作了开创性的工作。

关肇直一贯主张理论联系实际，并身体力行。20世纪50年代他就认识到应用数学在发展我国经济和国防建设方面的重要意义，并在各种场合大声疾呼。20世纪60年代初正当我国独立自主地发展核科学技术之际，他与有关部门联系，主动承担反应堆中有关的数学理论研究课题。1964年他完成了著名论文《关于中子迁移理论中出现的一类本征值问题》。在这一时期，关肇直也十分关注国际上兴起的激光理论中的数学问题。1965年他在《中国科学》上用法文发表了论文《关于"激光理论"中积分方程非零本征值的存在性》。50年代钱学森的名著《工程控制论》的问世，是控制理论界的一件大事。作为一位具有敏锐洞察力的数学家，关肇直立即预见到这门学科的重要性及其对我国社会主义建设可能产生的巨大影响。1962年，根据国防建设和学科发展的需要，在钱学森的倡议下，他又着手在中科院数学研究所组建我国第一个专门从事现代控制理论研究的机构——控制理论研究室，并亲自任研究室主任。此后的20多年中，他以极大的热情全身心地投入到现代控制理论的研究、传播和应用中去，并培养出了一大批国内外著名的控制理论专家。

关肇直博学多才，在校读书时深得同学们钦佩，被称为"关圣人"。他的同事经常为一些学术问题或哲学、历史问题请教他，他总能不厌其烦地解答，直到问者满意为止。有时他会告诉你这个问题可以查阅某书或某杂志，甚至能准确无误地说出起止页码。

关肇直对数学史的研究也有着特殊的兴趣。他的第一篇学术论文就是关于中算史的，并且在以后的年代里还经常回到这个课题发表深刻的见解。在他丰富的藏书中，有英、美、法、德及苏联学者有关数学史的各种专著，还有我国学者李俨、钱宝琮的中算史以及我国古代的《算经十书》等经典书籍。他建议翻译出版了斯特洛伊克的《数学简史》，并亲自为译本作长序。20世纪60年代中期，他又组织人力分头翻译了德国学者克莱因所著的《19世纪数学发展史》的许多章节，这部名著至今仍有现实指导意义。

关肇直对哲学、自然辩证法有着深刻的理解。他对于历史上出现的各哲学流派有丰富独到的见识，对马克思主义能融会贯通用以指导科学研究工作。他经常以辩证唯物主义思想为指导，发表论文阐述数学研究的对象、方法、特点和作用等数学科学发展的根本性问题，引导数学研究沿着健康的轨道前进。

关肇直为人正直，"文革"期间，他愤慨地抨击"四人帮"所推行的那一套反科学的愚民政策。他坚信科学是人类智慧发展的结晶，什么人也不可能把它打倒。关肇直治学严谨，他力倡理论与实际结合，但决不忽视数学内部因素产生的某些重要的理论的探索性研究。正是在关肇直的支持和帮助下，陈景润的关于"1+2"的论文才顺利地在《科学记录》上刊登简报，促使这一重要的学术成果尽早问世。关肇直常说，他首先是一个共产党员，然后才是一个科学家。他把全部心血倾注在祖国的建设事业之中，梦寐以求的是祖国科学事业的发展。他几十年如一日地忘我工作，处处事事严格要求自己。20世纪60年代他曾谢绝万元稿酬，为国家省下钱去做更重要的事情。略有少许额外收入他便以党费形式献出，有一次曾交党费达500元。然而他自己一直过着俭朴的生活，使用了数十年的那块老怀表伴他度过终生。在卧床不起时他想到的仍是国家，叮嘱家属至少要买500元国库券，并说："集腋成裘，或许能为人民办一点事。"

为了缅怀和纪念关肇直教授，推动我国控制科学的发展，中国自动化学会控制理论专业委员会特设立"关肇直奖"，奖励基金由国内外单位和个人捐赠，由关肇直奖基金委员会管理。

“数学王子”高斯

高斯(1777～1855)生于不伦瑞克(位于现在德国中北部)。他的祖父是农民,父亲是泥瓦匠,母亲是一个石匠的女儿,有一个很聪明的弟弟。高斯的舅舅对小高斯很照顾,偶尔会给他一些指导,而父亲可以说是一名“大老粗”,认为只有力气能挣钱,学问对穷人是没有用的。在数学史上,很少有人像高斯 一样很幸运地有一位鼎力支持他成才的母亲。他的母亲罗捷雅直到 34 岁才出嫁,生下高斯时已 35 岁。她性格坚强,聪明贤慧,富有幽默感。高斯小时候就对一切现象和事物十分好奇,而且总想弄个水落石出,这已经超出了一个孩子能被许可的范围。当父亲为此训斥他时,母亲总是支持高斯,坚决反对顽固的丈夫把儿子变得跟他一样无知。

高斯很早就表现出过人的才华,3 岁时就能指出父亲账册上的错误。高斯 7 岁时进了小学,在破旧的教室里上课,老师对学生并不好,常认为自己在穷乡僻壤教书是怀才不遇。高斯 10 岁时，老师出了一道算术难题：“1 + 2 + 3 + … + 100 =?”这可难为了初学算术的学生，但是高斯却在几秒后将答案解了出来，他利用算术级数（等差级数）的对称性，然后就像求得一般算术级数和的过程一样，把数目成对的凑在一起：1+100，2+99，3+98，…，49+52，50+51，而这样的组合有 50 组，所以答案很快的就可以求出是 101 × 50 = 5 050。一位年仅 10 岁的孩子，能独立发现这一数学解题方法实属很不平常。

1788 年，11 岁的高斯进入了文科学校，在新的学校里，他所有的功课都极好，古典文学、数学尤为突出，他独立地发现了二项式定理。经过巴特尔斯等人的引荐，布伦兹维克公爵召见了 14 岁的高斯。这位朴实、聪明但家境贫寒的孩子赢得了公爵的同情，公爵慷慨地提出愿意资助高斯，让他继续学习。1792 年，高斯进入布伦兹维克的卡罗琳学院继续学习。1795 年，公爵又为他支付各种费用，送他入德国著名的哥廷根大学，这样就使高斯得以按照自己的理想，勤奋地学习并开始进行创造性的研究。第二年他就发现正十七边形的尺规作图法，并给出可用尺规作出的正多边形的条件，解决了欧几里得以来悬而未决的问题。1799 年，高斯完成了博士论文回到家乡布伦兹维克，正当他为自己的前途、生计担忧而病倒时，又是公爵伸手救援他。公爵为高斯支付了长篇博士论文的印刷费用，送给他一幢公寓，又为他印刷了《算术研究》，使该书得以在 1801 年问世，公爵还负担了高斯的所有生活费用。所有这一切，令高斯十分感动。他在博士论文和《算术研究》中，写下了情真意切的献词：“献给大公”，“你的仁慈，将我从所有烦恼中解放出来，使我能从事这种独特的研究”。

高斯的数学研究几乎遍及所有领域，在数论、代数学、非欧几何、复变函数和微分几何等方面都作出了开创性的贡献。他还把数学应用于天文学、大地测量学和磁学的研究，发明了最小二乘法原理。高斯的数论研究总结在《算术研究》(1801)中，这本书奠定了近代数论的基础，它不仅是数论方面的划时代之作，也是数学史上不可多得的经典著作之一。高斯对代数学的重要贡献是证明了代数基本定理，他的存在性证明开创了数学研究的新途径。高斯在1816年左右就得到非欧几何的原理。他还深入研究复变函数，建立了一些基本概念，发现了著名的柯西积分定理。他还发现了椭圆函数的双周期性，但这些工作在他生前都没发表出来。1827年高斯出版了《关于曲面的一般研究》，全面系统地阐述了空间曲面的微分几何学，并提出内蕴曲面理论。高斯的曲面理论后来由黎曼发展。高斯一生共发表155篇论文，他对待学问十分严谨，只把他自己认为是十分成熟的作品发表出来。其著作还有《地磁的一般理论》和《论与距离平方成反比的引力和斥力的普遍定律》等。

从1807年到1855年逝世，高斯一直担任哥廷根大学教授兼哥廷根天文台台长。他是法国科学院和其他许多科学院的院士，他还是丹麦政府、德国汉诺威政府的科学顾问，被誉为历史上最伟大的数学家之一。他善于把数学成果有效地应用于天文学、物理学等科学领域，又是著名的天文学家和物理学家。他有“数学王子”、“数学家之王”的美称，被认为是人类有史以来“最伟大的三位(或四位)数学家之一”(阿基米德、牛顿、高斯或加上欧拉)。人们还称赞高斯是“人类的骄傲”。天才、早熟、高产、创造力不衰……人类智力领域的几乎所有褒奖之词，对于高斯都不过分。如果我们把18世纪的数学家想象为一系列的高山峻岭，那么最后一个令人肃然起敬的巅峰就是高斯；如果把19世纪的数学家想象为一条条江河，那么其源头就是高斯。

高斯对待工作的态度是精益求精。他自己曾说：宁可发表少，但发表的东西一定是成熟的成果。许多当时的数学家要求他，不要太认真，把结果写出来发表，这对数学的发展也是很有帮助的。其中一个有名的例子是关于非欧几何的发展。非欧几何的开山祖师有三人，高斯、罗巴切夫斯基和波里埃。而波里埃的父亲是高斯大学的同学，他曾试着证明平行公理，虽然父亲反对他继续从事这种看起来毫无希望的研究，小波里埃还是沉溺于平行公理，最后发展出了非欧几何，并且在1832～1833年发表了研究成果。老波里埃把儿子的成果寄给老同学高斯，想不到高斯却回信道：我无法夸赞他，因为夸赞他就等于夸奖我自己。早在几十年前，高斯就已经得到了相同的结果，只因怕不能为世人所接受而没有公布而已。美国的著名数学家贝尔在他的《数学工作者》一书里曾经这样“批评”高斯：“在高斯死后，人们才知道他早就预见一些19世纪的数学，而且在公元1800年之前已经期待它们的出现。如果他能把他所知道的一些东西泄漏出来，很可能现在数学早比目前还要先进半个世纪或更多的时间。阿贝尔和雅可比可以从高斯所停留的地方开始工作，而不是把他们最好的努力花在发现高斯早在他们出生时就知道的东西。而那些非欧几何学的创造者，可以把他们的天才用到其他方面去。”

最多产的数学家欧拉

欧拉(1707～1783)生于瑞士的巴塞尔。父亲保罗·欧拉是位牧师,喜欢数学,欧拉从小就受到这方面的熏陶。但父亲却执意让他攻读神学,以便将来接他的班。幸运的是,欧拉并没有走父亲为他安排的路。父亲曾在巴塞尔大学上过学,与著名数学家约翰·伯努利及雅各布·伯努利有交情。由于这种关系,欧拉结识了约翰的两个儿子:擅长数学的尼古拉及丹尼尔兄弟二人(这两人后来都成为数学家)。他俩经常给小欧拉讲生动的数学故事和有趣的数学知识,这些都使欧拉受益匪浅。1720 年,由约翰保举,13 岁的欧拉成了巴塞尔大学的学生,而且约翰精心培育着聪明伶俐的欧拉。当约翰发现课堂上的知识已满足不了欧拉的求知欲望时,就决定每周六下午单独给他辅导、答题和授课。约翰的心血没有白费,在他的严格训练下,欧拉终于成长起来。他 17 岁的时候,成为巴塞尔有史以来的第一个年轻的硕士,并成为约翰的助手。在约翰的指导下，欧拉从一开始就选择通过解决实际问题进行数学研究的道路。1726 年，19 岁的欧拉由于撰写了《论桅杆配置的船舶问题》而荣获巴黎科学院的奖金。这标志着欧拉的羽毛已丰满，从此可以展翅飞翔。

1725 年，约翰·伯努利的儿子丹尼尔·伯努利赴俄国，并向沙皇喀德林一世推荐了欧拉，这样，在 1727 年 5 月 17 日欧拉来到了彼得堡。1733 年，年仅 26 岁的欧拉担任了彼得堡科学院数学教授。1735 年，欧拉解决了一个天文学的难题(计算彗星轨道)，这个问题经几个著名数学家几个月的努力才得到解决，而欧拉却用自己发明的方法，3 天便完成了。然而过度的工作使他得了眼病，不幸右眼失明，这时他才 28 岁。1741 年欧拉应普鲁士彼德烈大帝的邀请，到柏林担任科学院物理数学所所长，直到 1766 年，在沙皇喀德林二世的敦聘下重回彼得堡。不料没过多久，欧拉左眼视力开始衰退。不幸的事情接踵而来，1771 年彼得堡的大火殃及欧拉住宅，带病而失明的 64 岁的欧拉被围困在大火中，虽然他被别人从火海中救了出来，但他的书房和大量研究成果全部化为灰烬。沉重的打击，仍然没有使欧拉倒下，他发誓要把损失夺回来。在他完全失明之前，还能朦胧地看见东西，他抓紧这最后的时刻，在一块大黑板上疾书他发现的公式，然后口述其内容，由他的学生和大儿子 A. 欧拉(数学家和物理学家)笔录，在失明后的 17 年间，他还口述了几本书和 400 篇左右的论文。欧拉完全失明以后，仍然以惊人的毅力与黑暗搏斗，凭着记忆和心算进行研究，直到逝世，竟达 17 年之久。

欧拉的记忆力和心算能力是罕见的，他能够复述年轻时代笔记的内容，心算并不限于简单的运算，高等数学一样可以用心算去完成。有一个例子足以说明他的本领，欧拉的两个学生把一个复杂的收敛级数的17项加起来，算到第50位数字，两人相差一个单位，欧拉为了确定究竟谁对，用心算进行全部运算，最后把错误找了出来。他能背诵前100个质数的前10次幂，能背诵罗马诗人维吉尔的史诗，能背诵全部的数学公式。

拉格朗日是稍后于欧拉的大数学家，从19岁起和欧拉通信，讨论等周问题的一般解法，促成了变分法的诞生。等周问题是欧拉多年来苦心考虑的问题，拉格朗日的解法，博得欧拉的热烈赞扬，1759年10月2日欧拉在回信中盛称拉格朗日的成就，并谦虚地压下自己在这方面较不成熟的作品暂不发表，使年轻的拉格朗日的工作得以发表和流传，并赢得巨大的声誉。他晚年的时候，欧洲所有的数学家都把他当做老师，著名数学家拉普拉斯曾说过："学学欧拉，他是我们的导师。"19世纪伟大数学家高斯则说："研究欧拉的著作永远是了解数学的最好方法。"

欧拉充沛的精力保持到最后一刻，1783年9月18日下午，欧拉为了庆祝他计算气球上升定律的成功，请朋友们吃饭，那时天王星刚发现不久，欧拉写出了计算天王星轨道的要领，还和他的孙子逗笑，喝完茶后，突然疾病发作，烟斗从手中落下，口里喃喃地说："我死了。"欧拉终于"停止了生命和计算"。

欧拉渊博的知识、无穷无尽的创作精力和空前丰富的著作，都是令人惊叹的。他从19岁开始发表论文，直到76岁，半个多世纪写下的书籍和论文浩如烟海。几乎每一个数学领域都可以看到欧拉的名字，从初等几何中的欧拉线、多面体中的欧拉定理、空间解析几何中的欧拉变换公式、四次方程的欧拉解法到数论中的欧拉函数、微分方程中的欧拉方程、级数论中的欧拉常数、变分学中的欧拉方程、复变函数中的欧拉公式等等。他对数学分析的贡献更是独具匠心，《无穷小分析引论》一书便是他划时代的代表作，当时数学家们称他为“分析学的化身”，被誉为“有史以来最伟大的四大数学家之一”。欧拉是科学史上最多产的一位杰出的数学家，据统计他不倦的一生共写了 886 本书籍和论文，其中分析、代数、数论占 40%，几何占 18%，物理和力学占 28%，天文学占 11%，弹道学、航海学、建筑学等占 3%，彼得堡科学院为了整理他的著作，足足忙碌了 47 年。我们课本上常见的符号，如 π、i、e、sin 和 cos、tan、Δx、$\sum$、$f(x)$等，都是由他创造并推广的。

才冠群雄的数学大师

John 是我唯一感到害怕的学生，如果我在讲演中列出一道难题，那么当我讲演结束时，他总会手持一张潦草写就的纸片说他已把难题解出来了。

——G. Polya

(一)

John. 冯 · 诺伊曼(以下简称冯 · 诺伊曼)是 20 世纪数学史上最伟大的数学家之一。由于他在研制世界上第一台电子数字计算机方面的开创性工作，西方奉他为"计算机之父"。他多才多艺，学识渊博，机敏过人，在纯粹数学、应用数学、物理学、计算数学及其他多个领域(如原子能的利用方面)都有重大贡献。他存身于世 53 载，为后人留下了巨大的科学遗产，已出版的《冯 · 诺伊曼文集》有六大卷，包括 150 多篇论文，计 5 000 页，其中关于纯粹数学的 60 篇，属于应用数学的

60 篇，属于物理学的 20 篇，还有属于其他领域的，不一而足。未得面世的遗稿，单收藏于美国国家图书馆的就达 8 000 份之多。1988 年在美国召开的“冯·诺伊曼的遗产”的数学会议上，大家一致认为，他虽不是诺贝尔奖获得者，也不是斐尔兹奖的获得者，但“对于社会的冲击，就没有人能与冯·诺伊曼相提并论的了”。正如人们所指出的：“如果按年代先后去探讨冯·诺伊曼的个人志向和学术成就，那就等于探讨了过去 30 年来科学发展史的概要。”

如此辉煌的业绩自然来自于冯·诺伊曼本人的努力，但也与他良好的天赋密不可分。1903 年 12 月 28 日，冯·诺伊曼生于匈牙利首都一个银行家的家庭，其父是一位富有的犹太银行家。优越的家庭条件使冯·诺伊曼从小受到良好的教育，爱称 John 的他在家庭教师的教育下不断成长。他从小天资过人，记忆力超群。据说，他很小时就会背出电话号码，有过目不忘之功。他 6 岁已能心算八位数除法，8 岁已开始掌握微积分运算方法，12 岁就能读懂深奥的《函数论》。这些传闻尽管不可全信，但其才智过人却是人尽皆知，一致公认的。诚如数学家哈尔莫斯说的：“有两种英雄人物，一种是和我们一样的人，但是能力比我们强；另一种恰当地说是超人的智慧。”冯·诺伊曼显然属于后一种，许多回忆文章都提到他那过人的才思便是明证。

（二）

1914 年，第一次世界大战爆发，10 岁的冯·诺伊曼开始进入正规学校学习，师从著名数学家 Fejer，又由数学家 Fekete 担任其家庭教师，冯·诺伊曼因此进步神速，中学毕业时便与 Fekete 合作写出了第一篇数学论文并发表在德国杂志上，初露峥嵘。之后，他顺利地获得了化学工程师的文凭和数学博士学位，这是在两个不同的大学得到的，这也从另一个侧面折射出冯·诺伊曼的聪颖。1926年至1933年，对冯·诺伊曼来说是个动荡的年代，他辗转于德国的柏林、汉堡等大学，直到1933年才受聘至著名的世界科学中心美国普林斯顿高级研究院任教授，时年30岁，成了最年轻的教授。事实上，当时的冯·诺伊曼早已具备这样的实力，1923年，他发表了关于序数定义的论文，这个定义至今仍被普遍使用；1925年，其博士论文《经典力学的算子方法》引进了一个集合论的合理体系；20世纪20年代后期，他参与了希尔伯特空间的算子谱研究，并建立了"算子环"理论，又称"冯·诺伊曼代数"；1931年，他又在数学上遍历理论的基础上作出了突破性的成绩；1932年，他的《量子力学的数学的基础》被译成世界各种文字出版，使量子力学有了可靠的表述。此外，冯·诺伊曼兴趣广泛，除了数学，他还喜欢历史，他还是个语言高手，拉丁语和希腊语娴熟，英语更是不在话下，并能讲一口流利的德语和法语。他爱下棋，待人友善，不矜持，不高傲，多才多艺和良好的人际关系也是他受聘的一个原因。

1933年以后，走上职业数学家生涯的冯·诺伊曼倍加珍惜来之不易的职业，他喜欢美国的环境，为了更好地研究数学，他经常在家里举行科学沙龙。于是，他的家常常是科学家们研讨学术的中心，智慧的头脑在这里开出绚丽的花朵。在1936～1940年间，冯·诺伊曼与Murray合作发表了6篇关于非交换算子环的论文，可以说是20世纪分析学方面的杰作。其中提出了因子的概念，其影响一直深入到今天的算子代数。与此有关，他在连续几何的论文中系统地使用了正则环理论。他指出，决定一个空间维数的是它所容许的旋转群，因而维数可以不再是整数，具有连续维数空间的公理终于被提出来了。无疑，这是冯·诺伊曼科学生涯中的重大成就之一。

(三)

1940 年是冯·诺伊曼科学生涯中的一个转折点，第二次世界大战的烽火在这一年被点燃。在此之前，他是通晓物理学的纯粹数学家，二战爆发后，他义无反顾地投入反法西斯战争的行列，运用自己的聪明才智，为美国军方服务，逐渐成为一名牢固掌握纯粹数学的应用数学家。

在战争年代，冯·诺伊曼应召参与了许多军事科学计划和工程项目，先后担任了弹道实验研究所、海军兵工局的顾问，直接参与了核武器的研制，协助设计了原子弹的最佳方案。战后，他仍然为美国的军事机关服务，在海军武器实验室、空军特种武器设计室、原子能委员会等处担任顾问，1947 年获美国海军杰出服务勋章，1956 年又获自由勋章。

这里必须提及一事。为了计算导弹的弹道，当时美国军方的 200 多名技术人员应陆军要求每天需提供 6 张炮击表，而每张表都要计算几百条弹道，算一张表往往需要两三个月。为此，武器试验场提出了研制世界上第一台电子计算机的原始方案。冯·诺伊曼自然投入于这项研制工作中，他改造了设计，提出了存贮程序运用电子计算机方案EDVAC。以后，他陆续研究并完善了计算机。他对计算机设计作了根本性的改进，特别是程序内存的思想，以至于现在几乎所有的计算机均为冯·诺伊曼型计算机。1946 年，总重量为 30 吨，占地 172 平方米，有 18 000 多个电子管，功率为 140 千瓦，运行速度达每秒 5 000 次加法的第一台电子计算机 ENIAC 面世，开辟了科学的新纪元。

冯·诺伊曼在应用数学上的另一个重大成就就是创立了对策论和数理经济学。1944 年，他和 Morgenstern 合著的《对策论和经济行为》标志着这两门新学科的诞生。时至今日，这两门学科已是应用广泛、羽翼丰满的科学分支了。

（四）

1955 年，正当冯·诺伊曼在科学上勇攀高峰的时候，一次例行的 X 射线检查发现，他不幸患上了癌症。然而他以惊人的毅力克服癌症带来的病痛，坚持工作，集中研究自动机理论，为讲座写讲稿《计算机与人脑》，为人们后来的人工智能研究打下了基础。1957 年 2 月 8 日，一代数学大师带着未完成讲稿最后部分的遗憾，闭上了双眼，享年 53 岁。英年早逝，令人惋惜。

冯·诺伊曼的一生是科学的一生。他是一位顺应时代潮流的科学巨匠，他审时度势，几次调整研究目标，在各个目标上均有建树，其不朽的一生至少在这样 10 个方面作出了划时代的贡献：纯粹数学、遍历理论、量子力学的数学基础、对策论及数理经济学、电子计算机研制、电子计算机应用、数值分析、蒙特卡罗算法、自动机理论、核武器的研制等。他的成功在于广博的知识、旺盛的创新精神、踏实的求实态度和多维的知识结构和智能结构，他把高度抽象的数学和实际应用奇妙地结合起来，成为跨学科的复合型人才，其留下的科学研究方法同样是人类不可多得的精神财富，永远为后人所敬仰和享用。

20世纪上半叶
英国数学界的“泰斗”

在英国东南海岸，有一座风景如画，气候宜人的小城，叫克立莱夫。1877年2月7日，这里诞生了一位日后成为英国近代数学史上领袖的人物，他就是数学奇才哈代。

哈代的父母都是教师，家庭的文化熏陶使孩提时的哈代对数就非常敏感，2岁时就能数到百万，3岁时能写下1到100万之间的任何一个数。哈代13岁就获得奖学金，进入有“培养数学家摇篮”美誉的温彻斯特学院。他的小学、中学都是在跳级中度过的。1896年，19岁的哈代以优异的成绩通过了剑桥大学三一学院的奖学金会考，第二年便通过了该院的入学考试，开始了他的数学研究生涯。

哈代是幸运的，在剑桥大学，他遇到了一位忠厚的长者，这位学识渊博的学者就是著名数学家洛夫。洛夫对哈代进行了全面、细致的观察，发现他是一个可造之材，日后必成大器。他为哈代选定了大数学家约当的名著《分析教程》作为教材。

在这本深奥难懂的巨著面前，哈代不仅没有退缩，反而凭着顽强的毅力和杰出的数学才能啃完了这块“硬骨头”，为日后的研究打下了扎实的数学功底。哈代的毕业论文《某些定积分的估值》发表于著名的《数学信使》杂志上，他给母校及恩师洛夫交上了一份出色的答卷。哈代因此而得到剑桥大学深负众望的数学家怀德海教授的青睐，教授的力荐使哈代获得了年度“特等校友奖学金”，这同时意味着他能继续在这所驰名全球的大学里深造。对此，哈代倍加珍惜，果然不负众望，第二年便获得了一年一度的史密斯数学大奖。1906 年，哈代的奖学金期满，由于成就卓著留校任教，这在剑桥历史上也是不多的。剑桥大学浓郁的学术氛围，使哈代得以自由自在地翱翔于数学王国，探索其中的奥秘和真谛。1908 年，他出版了风靡一时的名著《纯粹数学教程》，同年，又一举攻克了遗传学中提出的数学问题，证明了著名的哈代—温伯格法则。自 1911 年始，哈代与比他小 8 岁的利特尔伍德长期合作，在 20 世纪上半叶建立了具有世界水平的英国分析学派。哈代的研究领域相当广泛，几乎在数学的每个领域都留下过他的足迹，有过建树，其中最负盛名的便是解析数论方面，得到的“哈代空间”堪称典型，至今仍极受人关注。哈代的数学成就举世公认，1920 年被授予皇家学会的皇家奖章，这是他出任牛津大学几何学教授的第二年。1922 年，他被选为不列颠协会 A 组的主席。1924 年至 1926 年他担任国家科学家协会主席并成为许多国家的科学院名誉院士。1940 年，年近花甲的哈代获得了西尔凡斯奖章。1947 年哈代又获得了考不勒奖章。

值得称道的是，哈代不仅是数学界中具有优秀组织能力的领导者（英国数学会正是在哈代极有成效的组织影响下，学术气氛空前活跃，硕果累累），而且，哈代还是一位识才爱才、谦逊和善、甘为人梯的伟大数学家。印度的天才数学家拉玛努扬、我国数学界的巨擘华罗庚教授都曾得到哈代的指点和帮助。特别是拉玛努扬，是哈代推荐他的论文在国际著名数学杂志上发表；是哈代热情地邀请他到剑桥工作；是哈代把他安置在自己家里；是哈代对他的指点才使他脱颖而出，成为举世瞩目的杰出数学家。此外，哈代还与英厄姆、兰道、玻利亚等合作发表论文，对他们悉心提携，这些人后来也成了著名的数学家。

俗话说，“俭能养志。”生活中的哈代是个很节俭的人，他总是把自己的物质欲压低到最小的限度。哈代又是个非常珍惜时间的人，为了事业上的成功，他惜时如金。他爱好运动，为人诚实，谈吐风趣，富有正义感，其性格和志向为同事所称道。

“数学金字塔”拉格朗日

1736年，意大利都灵一个陆军会计官的家里，一个男孩来到了人世。应该说，这个小男孩是幸运的，因为他所在的家庭是受人羡慕的家庭：轻裘肥马，锦衣玉食。然而，世上的事常常是难以预料的，小男孩选择的并不是仕途或者金钱，而是与常人眼里枯燥无味的数学结缘，并且把毕生心血献给了这门科学。这位小男孩就是后来被费雷得里克称为“欧洲最伟大的数学家”的拉格朗日。

大凡伟人，总有自己经过深思熟虑选择的崇拜和信仰的对象，拉格朗日自然也不例外，他的崇拜对象是数学的先驱者阿基米德。而真正激发他走上数学道路的却是著名天文学家哈雷的论文《论分析方法的优点》。在他17岁那年，哈雷的这篇关于牛顿论述微积分的数学论文，使他对数学产生兴趣并深深地被古典几何的精巧、严谨所吸引。对数学最初的激情促使他选择了研究数学的职业，对数学的热爱引发拉格朗日奋进不止，而浩瀚的数学海洋又向他展现了奇妙的世界。他勤于思索，长于分析，硕果累累。下面的一串头衔可以看出这位当时欧洲最伟大的数学家的成才轨迹：

19 岁，都灵皇家炮兵学校教授；

21 岁，创建都灵科学协会(都灵科学院前身)；

23 岁，柏林科学院院士；

30 岁，柏林科学院院长；

36 岁，法国科学院院士；

40 岁，俄国彼得堡科学院名誉院士；

51 岁，巴黎科学院院士；

59 岁，巴黎师范学院数学教授，巴黎理工学院第一位几何教授及第一任院长，获伯爵爵位。

如果说这些仅是拉格朗日学术地位的体现的话，那么他的科学成果更加令人目眩惊叹。这些成果涉及数学分析、代数方程理论、变分法、分析力学、数论、常微分方程、偏微分方程、球面天文学、制图学、椭圆函数论等诸多领域，他还写有《月球天平动》、《木星卫星理论》、《等周问题》等科学价值极高的论文。《试论关于方程的代数解》、《解析函数论》、《函数讲义》、《分析力学》、《关于物体任何系统的微小振动》、《三物体算题》、《月球的多年加速度》、《彗星轨迹的摄动》、《关于月球的天平动问题》、《木星卫星的运行问题》等为其代表著作。论文《月球天平动》及《木星卫星理论》获法国科学院 1764、1766 年度一等奖，论文《等周问题》则是他 18 岁的成名作，而《分析力学》更是拉格朗日最负盛名的著作，耗费了他 30 余年的时间。在这部不朽的名著中，拉格朗日别出心裁地将力学纳入数学领域内，应用全新的数学分析方法，建立了一个优美和谐的力学体系，以至 19 世纪爱尔兰著名数学家哈密尔顿赞誉它是一部“科学诗篇”，一位作家说它“把宇宙描写成为一个由数字和方程组成的有节奏的旋律”。

鉴于他的杰出成就，法国总统拿破仑说：“拉格朗日是数学高耸的金字塔。”

为真理而斗争的罗巴切夫斯基

很早以前,许多数学家都曾尝试证明欧几里得几何学中的平行公理,但是直到19世纪以前并没有获得实质性的进展。罗巴切夫斯基在尝试证明平行公理时发现以前所有的证明都无法逃脱循环论证的错误。于是,他提出假定:过直线外一点,可以作无数条直线与已知直线平行。如果这假定被否定,则证明了平行公理。然而,他不仅没有能否定这个命题,而且用它同其他欧氏几何中与平行公理无关的命题一起展开推论,得到了一个逻辑合理的新的几何体系——非欧几里得几何学,这就是后来人们所说的罗氏几何。

科学发现需要勇气

19世纪匈牙利有个聪颖过人的年轻人叫波里埃,早在12岁时就进行驳难欧氏几何的研究,并取得了一定的成就。在1832年,当他把他的发现作为附录发表在他父亲F.波里埃的几何著作中后，F.波里埃把这个附录寄给大数学家高斯评阅，高斯认为这个青年"有极高的天赋"，但是他不能称赞这项工作，高斯的态度对波里埃无疑是一个沉重的打击，从此他再没有做进一步的研究。与此相反，苏联数学家罗巴切夫斯基为非欧几何的生存和发展奋斗了30多年，他从来没有动摇过对新几何远大前途的坚定信念。为了扩大非欧几何的影响，争取早日获得学术界的承认，除了用俄文外，他还用法文、德文翻译了自己的著作，同时还精心设计了检验大尺度空间几何特性的天文观测方案。不仅如此，他还发展了非欧几何的解析和微分部分，使之成为一个完整的、有系统的理论体系。在身患重病，卧床不起的困境下，他也没停止对非欧几何的研究。他的最后一部巨著《论几何学》，就是在他双目失明，临去世的前一年，口授他的学生完成的。

生平简介

罗巴切夫斯基(1792～1856)是俄国数学家和教育家。生在下诺夫戈罗德城一个土地测量员家庭。2岁时父亲患病去世。母亲把三个儿子寄宿在喀山中学住读，开始是自费，后来转为公费。罗巴切夫斯基勤奋好学，15岁考入喀山大学数学物理系。1811年大学毕业获硕士学位，并留校任教。主讲过数论、三角学、几何基础、微分几何、力学和天文学。1814年晋升为副教授，1816年晋升为教授。1820年任数学物理系主任，1827年任喀山大学校长。其代表著作有《论几何学原理》(1829年)、《想象几何学》(1835年)、《想象几何学在某些积分的应用》(1836年)、《几何学新原理与完整的平行线理论》(1835～1838年)、《平行线理论的几何研究》(1840年)、《泛几何学》(1855年)。此外，他在代数学、三角学和函数论等方面也作出了许多重要贡献。他的全部学术著作收集、整理在5卷本的《罗巴切夫斯基全集》(1946～1951)中。

来自多方面的劫难

罗巴切夫斯基开创了数学的新领域,但他的创造性工作在生前始终没能得到学术界的重视和承认。就在他去世的前两年,俄国著名数学家布尼雅可夫斯基还在其所著的《平行线》一书中对罗巴切夫斯基发难,他试图通过论述非欧几何与经验认识的不一致性,来否定非欧几何的真实性。英国著名数学家莫尔甘对非欧几何的抗拒心理表现得就更加明显了,他甚至在没有亲自研读非欧几何著作的情况下就武断地说:"我认为,任何时候也不会存在与欧几里得几何本质上不同的另外一种几何。"莫尔甘的话代表了当时学术界对非欧几何的普遍态度。在创立和发展非欧几何的艰难历程上,罗巴切夫斯基始终没能遇到他的公开支持者,就连非欧几何的另一位发现者德国的高斯也不肯公开支持他的工作。当高斯看到罗巴切夫斯基的德文非欧几何著作《平行线理论的几何研究》(1840年)后,内心是矛盾的,他一方面私下在朋友面前高度称赞罗巴切夫斯基是"俄国最卓越的数学家之一",并下决心学习俄语,以便直接阅读罗巴切夫斯基的全部非欧几何著作;另一方面,却又不准朋友向外界泄露他对非欧几何的有关告白,也从不以任何形式对罗巴切夫斯基的非欧几何研究工作加以公开评论。他积极推荐罗巴切夫斯基为哥廷根皇家科学院通讯院士,可是,在评选会上和他亲笔写给罗巴切夫斯基的推选通知书中,他对罗巴切夫斯基在数学上的最卓越贡献——创立非欧几何却避而不谈。

晚年的罗巴切夫斯基心情更加沉重,他不仅在学术上受到压制，而且在工作上还受到限制。另外，他最喜欢的、很有才华的大儿子因患肺结核医治无效死去，这使他十分伤感。他的身体也变得越来越多病，眼睛逐渐失明，最后终于什么也看不见了。1856 年 2 月 12 日，伟大的学者罗巴切夫斯基在苦闷和抑郁中走完了他生命的最后一段路程。喀山大学师生为他举行了隆重的追悼会。在追悼会上，他的许多同事和学生高度赞扬他在建设喀山大学、提高民族教育水平和培养数学人才等方面的卓越功绩，可是谁也不提他的非欧几何研究工作，因为此时，人们还普遍认为非欧几何纯属“无稽之谈”。

还历史本来面目

历史是公允的，因为它终将会对各种思想、观点和见解作出正确的评价。1868 年，意大利数学家贝特拉米发表了一篇著名论文《非欧几何解释的尝试》，证明非欧几何可以在欧几里得空间的曲面(例如拟球曲面)上实现。这就是说，非欧几何命题可以“翻译”成相应的欧几里得几何命题，如果欧几里得几何没有矛盾，非欧几何也就自然没有矛盾。人们既然承认欧几里得是没有矛盾的，所以也就自然承认非欧几何没有矛盾了。直到这时，长期无人问津的非欧几何才开始获得学术界的普遍关注和深入研究，罗巴切夫斯基的独创性研究也由此得到学术界的高度评价和一致赞美，他本人则被人们赞誉为“几何学中的哥白尼”。为纪念罗巴切夫斯基的功绩，1893 年在喀山大学树立了他的塑像。

在科学探索的征途上，一个人经得住一时的挫折和打击并不难，难的是长期甚至终生在逆境中奋斗。罗巴切夫斯基就是在逆境中奋斗终生的勇士。同样，一名科学工作者，特别是声望较高的学术专家，正确识别出那些已经成熟的或具有明显现实意义的科学成果并不难，难的是及时识别出那些尚未成熟或现实意义尚未显露出来的科学成果。每一位科学工作者，既应当做勇于在逆境中顽强奋斗的科学探索者，又应当成为科学领域中新生事物的坚定支持者。

英才早慧　科坛先驱

如果18世纪蒸汽机的发明标志着工业革命的成功，那么20世纪电子计算机的出现则触发了信息革命。电子计算机的意义在于用机器替代了脑力劳动，其触角早已渗透到社会的各个领域。今天，在我们惊叹计算机的巨大威力的时候，又怎能忘记发明第一台机械计算器的人——17世纪法国杰出的数学家帕斯卡，尽管帕斯卡发明的这台计算器十分原始，但他利用机器代替人的繁重计算的思路，意义十分重大。

帕斯卡(1623～1662)生于法国中部克勒蒙菲朗城，他3岁丧母，8岁时全家迁至巴黎。父亲是法院院长，也是一位数学家。他将对物理学、数学的兴趣很早就传给了小帕斯卡。但是，父亲却希望他先打好语文基础，不让他过早地接触数学，以免太费脑筋而影响发育。然而，这反而激发起他的好奇心。有一天，他突然问父亲："几何学是什么?"父亲只是轻描淡写地对帕斯卡说："几何学是一门描绘规则图形，并揭示各图形间关系的科学。”并且父亲再次重申，不准他再多问几何方面的问题。可是对几何学的神秘感驱使帕斯卡为之如痴如醉，他私下以木炭在地砖上作图，反复琢磨，竟独自推出三角形的内角和定理。虽说这是平面几何中一个极其简单而基本的定理，但对一个年仅12岁的少年来说，这已能充分显示出其非凡的天赋。我们不妨用下面一段文字摄录下这位天才神童的科学业绩。

1633年，10岁的帕斯卡观察一只发声的玻璃板，发现假如用手指碰一下，玻璃板将不再发出声音。于是，他写出了关于声的一部书。

1635年，独立建立三角形的内角和定理。

1640年，帕斯卡受德尔格斯的影响，发现了被称为“神秘的六边形”定理，即“内接于一条二次曲线的六边形的三双对边的交点共线”。这个定理也称为帕斯卡定理，它是射影几何的基础理论之一。由此引申而诞生的专著《试论圆锥曲线论》被誉为“自希腊阿波罗尼斯以来圆锥曲线论的最大进步”，受到大数学家笛卡儿的高度评价，定理结构之美妙以至于笛卡儿甚至有点不相信这是出自一位17岁的少年之手。虽然“自古英雄出少年”，帕斯卡却对此十分谦虚而坦率，他说：“我对这一科目若有所发明，实得自笛沙格著作的帮助。”

1641年，帕斯卡继发现二项式展开的系数变化规律（西方人称之为帕斯卡三角，我们称为杨辉三角）一年后，又发明了世界上第一台机械加法计算器。帕斯卡在这台机器里，用一个齿轮表示数字，并且利用啮合装置，使低位齿轮每转动十圈，高位齿轮就转动一圈，从而实现了十进位。如此漂亮的成果，来自于一位18岁的年轻人，令人惊羡不已。

1646年，帕斯卡发现物理学中著名的“帕斯卡原理”，为流体静力学的建立奠定了基础。

1653 年,帕斯卡提出了“帕斯卡定律”,这是后来在 1971 年国际计量大会上决定压强的单位名称以帕斯卡命名的嚆矢。

1654 年,帕斯卡与大数学家费马通信,就赌博问题进行了讨论,写成的《论算术三角形》建立了概率论的基本原理和若干重要的组合公式,这实际上已是概率论的萌芽。

1658 年,帕斯卡完成了《摆线论》,对大数学家莱布尼兹建立微积分学和无穷小理论产生了较大的影响。这里需要提及一事,据说帕斯卡为研究摆线而连续几天不休息,致使他的牙痛病复发,但他仍坚持到最后,还幽默地对人说:“旋轮治好了我的牙痛病。”

紧张的脑力劳动严重损害了帕斯卡的健康,病魔的纠缠使他只活了 39 岁,然而他在学术上留下了丰富的遗产。

顺便提一下,帕斯卡在文学上的造诣也很高,被公认为法国的散文大师,他在短暂的生命快要走到尽头前所写的《思绪》、《外地短札》是流传下来的文学名著,今天仍被当做早期法国文学的典范。同时,帕斯卡又是出名的神学家,宗教在他 24 岁以后主宰了他的思想,虽然他一生从事科学的研究,但决不会完全不受宗教信仰的影响,这恐怕也是他后期成就不如前期的主要原因,这是令人感到遗憾的。尽管这是鲜为人知的,但从一个英才成才的轨迹这一角度出发,全面系统地还其本来面目,应该说对后人是不无意义的。

高瞻远瞩　一代英豪

美国权威的数学杂志《美国数学月刊》主编哈尔莫斯说过:“问题是数学的心脏”,“任何人有意义的生活的主要部分就是解决问题”。诚哉斯言。数学问题比数学本身更为古老,可以追溯到公元前2200年,距今已有4000多年。数学,就是在解决问题中发展的。现代数学家们相互之间在提出和解决问题方面仍然像古代数学家一样进行着比赛,冠军当属一代大师希尔伯特。这里主要指提出问题,而提出问题比解决问题更有价值,因为对于科研工作者来说,“最重要的是自己会不会提出正确的问题”。诚如大科学家爱因斯坦所说:“提出一个问题往往比解决一个问题更重要,因为解决一个问题也许仅是一个数学上的或实验上的技能而已。而提出新的问题、新的可能性,从新的角度去看旧的问题,却需要创造性的想象力,而且标志着科学的真正进步。”

1900年8月6日,第二届国际数学家大会在巴黎召开,年方38岁的德国天才数学家大卫·希尔伯特站在当时数学研究的最前沿,他高瞻远瞩,用23个数学问题向与会的数学家们预示了20世纪数学发展的进程,成为世界数学史上的重要里程碑。

希尔伯特(1862～1943)生于德国的大学城哥尼斯堡,其父是一位普通的法官,母亲出生于普通商人家庭。希尔伯特的母亲爱好哲学、天文学和数学,特别对质数怀有浓厚的兴趣,她的影响使希尔伯特从小爱好数学。"兴趣是最好的老师",小希尔伯特虽然没有早慧的天赋,甚至是个愚钝的孩子,与同他家一河之隔且比他还小两岁的"奇才"闵可夫斯基相比,智力上有着很大的差距,小希尔伯特并没有因此而气馁,而是急起直追,通过加倍的努力予以弥补。成功的大门总是向着勤奋者敞开的,22岁那年,希尔伯特获得了博士学位。在跨世纪的数学大师克莱因的提携下,他很快在代数、积分方程、变分法等领域取得成果。1889年,他因解决著名的Gordan问题而名声大振,被提升为副教授,时年仅27岁。6年后,在克莱因的提议下希尔伯特任哥廷根大学教授,并开始跻身于世界数学家的行列。当19世纪进入尾声的时候,希尔伯特的划时代巨著《几何基础》出版了,书中用近代观点建立了欧几里得几何公理化体系。这本书对数学公理化的思潮产生极大的影响,它很快遍及数学领域的许多分支。《几何基础》的问世,使希尔伯特无愧于大师级的数学家。进入20世纪后,希尔伯特在泛函分析的研究中独辟蹊径,成为先驱者,晚年又致力于数学基础的研究,成为形式主义学派的创立者。尽管希尔伯特并不自命为形式主义者,但他的研究,他的观点都表达了形式主义主张。希尔伯特在数学上的成就是多方面的,若以他所跨越的科学领域来分,可以把他的工作分为五个主要时期:(1)不变式论(1885～1893);(2)代数数域理论(1893～1898);(3)基础论:几何基础(1898～1902),一般数学基础(1922～1930);(4)积分方程(1902～1912);(5)物理学(1912～1922)。

希尔伯特的成功与他的勤奋努力、锲而不舍精神是分不开的。有一则事例很能说明这一点,在研究工作中,希尔伯特曾耐心地计算过40多重的重积分,这在常人眼里是难以想象的。对一般人来说,三重积分以上的重积分就足以让人退避三舍了,而希尔伯特面对异常繁复的计算任务,不厌其繁,迎着困难上,坚持计算到底,其坚忍不拔的意志令人叹服。事实上,很难设想缺乏坚强毅力的人能取得科学上的巨大成就。

回过头来让我们再来说说希尔伯特那揭开了20世纪数学史第一页的23个数学问题,他何以能提出预示数学前景和奥秘的23个问题,这固然与他深厚的数学功底分不开,更重要的是希尔伯特以其伟大数学家的战略眼光,深深地懂得问题的作用。他说得好:“只要一门科学分支能提出大量的问题,它就充满生命力;而问题缺乏则预示着独立发展的衰亡或中止。正如人类的每项事业都追求着确定的目标一样,数学研究也需要自己的问题。正是通过这些问题的解决,研究者锻炼其钢铁意志,发现新方法和新观点,达到更为广阔和自由的境界。”确实,一位科学家如此自觉、如此集中地提出一整批问题,这在数学史上是罕见的。23个数学问题的提出,也使希尔伯特的科学声誉达到了顶峰。到今天,23个问题约有一半已获解决,有几个问题比较笼统,难以判定解决与否,大约还有三分之一的问题仍悬而未决,有的有了部分进展,有的则相差甚远。但是,人们却把解决希尔伯特问题,哪怕是其中的一小部分,看成至高无上的荣誉。1975年,在美国伊里诺斯大学召开的国际会议上，专门编就了论文集《由希尔伯特问题引起的数学发展》，回顾希尔伯特问题四分之三世纪以来的进展。由于这 23 个问题绝大部分涉及高深的数学理论，即便是哥德巴赫猜想那样让人一目了然的问题，也必须借助于高等数学的工具进行研究，因此对 23 个问题的内容这里不作介绍了。需要指出的是我国数学家在第 8 和第 16 问题上作出了举世瞩目的业绩。希尔伯特的 23 个问题犹如“风笛手”吹奏出了一种“甜蜜的笛声”，召唤诱惑着有志的人们，为见“奇珍”、得“蛟龙”而不懈努力着，以揭开这摆在人类面前的思维之谜。

领袖数学家庞加莱

“他是巴黎大学的数学教授，被认为是19世纪最末四分之一和20世纪初期的领袖数学家，并且是对于数学及其应用具有全面知识的最后一个人。”(摘自克莱因《古今数学思想》)

庞加莱(1854～1912)，生于法国的南锡。其父母亲都出身于法国的显赫世家，他的祖父曾在拿破仑政权下的圣康坦部队医院供职，1817年在鲁昂定居，先后生下两个儿子，大儿子莱昂·庞加莱即为庞加莱的父亲。他是当地著名医生，并任南锡大学医学院教授。他的母亲是一位善良、才华出众、很有教养的女性，一生的心血全部倾注到教育和照料孩子身上。庞加莱叔叔的两个儿子是法国政界的著名人物：雷蒙·庞加莱于1913～1920年间任法国总统；吕西·庞加莱曾任法国民众教育与美术部长，负责中等教育工作。

庞加莱的童年主要来自于母亲的教育。他的超常智力使他成为早熟的儿童，不仅接受知识极为迅速，而且口才也很流利。但不幸的事发生了：5岁时患的那场白喉病使他9个月后喉头坏了，致使他的思想不能顺利用口头表达出来，并成为一位体弱多病的人。尽管如此，庞加莱还是乐意玩游戏，喜欢跳舞。庞加莱特别爱好读书，读书的速度快得惊人，而且能对读过的内容迅速、准确地牢记在心。他甚至能讲出书中某件事在第几页第几行。

庞加莱1862年进入南锡中学读书。初进校时，虽然他的各科学习成绩十分优异，但并没有对数学产生特殊的兴趣。庞加莱对数学的特殊兴趣大约始于15岁，并很快就显露了非凡才能。从此，他习惯于一边散步，一边解数学难题。这种习惯一直保持终身。

1870年7月19日爆发的普法战争使得庞加莱不得不中断学业。在此期间，他通过自学很快学会了德文。1871年庞加莱复学后，两次荣获法国公立中学生数学竞赛头等奖，从而使他于1873年被高等工科学校以第一名录取。毕业后，1875～1878年，庞加莱又在国立高等矿业学校学习工程，准备当一名工程师。3年的学习生涯，竟使他迷上了数学。1879年8月1日，庞加莱撰写了关于微分方程方面的论文，这篇论文显示了他卓越的数学才能，为他赢得了法国科学院的数学博士学位。之后庞加莱应聘到卡昂大学理学院任讲师，1881年转到巴黎大学主讲力学和实验物理学课程，5年后升为数学和物理学教授，直到去世。庞加莱一生的科学事业和巴黎大学紧紧地联系在一起。

庞加莱的研究涉及数论、代数学、几何学、拓扑学等许多领域，最重要的工作是在分析学方面。他早期的主要成就是创立自守函数理论（1878年）。他引进了富克斯群和克莱因群，构造了更一般的基本域。他利用后来以他的名字命名的级数构造了自守函数,并发现这种函数作为代数函数的单值化函数的效用。

1883 年,庞加莱提出了一般的单值化定理(1907 年,他和克贝相互独立地给出完全的证明)。同年,他进一步研究一般解析函数论,研究了整函数的亏格及其与泰勒展开的系数或函数绝对值的增长率之间的关系,同皮卡定理构成后来的整函数及亚纯函数理论发展的基础。他又是多复变函数论的先驱者之一。

庞加莱为了研究行星轨道和卫星轨道的稳定性问题,在1881～1886 年发表的 4 篇关于微分方程所确定的积分曲线的论文中,创立了微分方程的稳定性理论。他研究了微分方程的解在四种类型的奇点(焦点、鞍点、结点、中心)附近的性态。

1885 年,瑞典国王奥斯卡二世设立“n 体问题”奖,引起庞加莱研究天体力学问题的兴趣。他以关于当三体中的两个的质量比另一个小得多时的三体问题的周期解的论文获奖,还证明了这种限制性三体问题的周期解的数目同连续统的势一样大。因而获得了奥斯卡奖。此后,他又进行了大量天体力学研究,引进了渐进展开的方法,得出严格的天体力学计算技术。

庞加莱还开创了动力系统理论,1895 年证明了“庞加莱回归定理”。

庞加莱对数学物理和偏微分方程也有贡献。他证明了狄利克雷问题解的存在性,这一方法后来促使位势论有了新发展。他还研究拉普拉斯算子的特征值问题,给出了特征值和特征函数存在性的严格证明。他在积分方程中引进复参数方法,推动了弗雷德霍姆理论的发展。

庞加莱对现代数学最重要的影响是创立组合拓扑学。

1892年他发表了第一篇论文，1895～1904年，他在6篇论文中建立了组合拓扑学。他还引进贝蒂数基本群等重要概念，推广了欧拉多面体定理并得到欧拉—庞加莱公式，同时证明了流形的同调对偶定理。他提出的著名的庞加莱猜想，困扰了数学界整整一个世纪。

庞加莱在数论和代数学方面的工作不多，但很有影响。他的《有理数域上的代数几何学》一书开创了丢番图方程的有理解的研究。他在代数学中引进群代数并证明其分解定理；第一次引进代数中的左理想和右理想的概念；证明了李代数第三基本定理和庞加莱—伯克霍夫—维特定理。

庞加莱对经典物理学有深入而广泛的研究，对狭义相对论的创立有贡献。他从1899年开始研究电子理论，首先认识到洛伦茨变换构成群。

庞加莱的哲学著作《科学与假设》、《科学的价值》、《科学与方法》也有着重大的影响。他是约定主义的代表人物，是直觉主义的先驱者之一。

1905年，匈牙利科学院颁发一项奖金为10 000金克朗的鲍尔约奖。这个奖是要奖给在过去25年间为数学发展作出过最大贡献的数学家。由于庞加莱从1879年就开始从事数学研究，并在数学的几乎所有领域都作出了杰出贡献，因而此奖项非他莫属。

罗素认为，20世纪初法兰西最伟大的人物就是庞加莱。阿达玛这位曾在函数论、数论、微分方程、泛函分析、微分几何、集合论、数学基础等领域作出过杰出贡献的法国数学家认为，庞加莱“整个地改变了数学科学的状况，在一切方向上打开了新的道路”。

庞加莱一生发表的科学论文约500篇、科学著作约30

部，几乎涉及数学的所有领域以及理论物理、天体物理等的许多重要领域。他不仅赢得了法国政府的最高荣誉，还受到英国、俄国、瑞典等国政府的奖赏，一生担任过的外国科学院院士之职达30多个。庞加莱去世后，巴黎科学院出版了《庞加莱全集》，共10卷。

多才多艺、学识渊博的科学巨人维纳

美国数学家维纳(1894～1964)是一个名符其实的神童。他3岁开始读书,生物学和天文学的初级科学读物就成了他在科学方面的启蒙书籍。此后,他兴致勃勃,爱不释卷的埋首于五花八门的科学读本。他7岁开始深入物理学和生物学的领域,从达尔文的进化论、金斯利的《自然史》到夏尔科、雅内的精神病学著作,从儒勒·凡尔纳的科学幻想小说到文学名著,几乎无所不读。6岁那年,维纳有一次被A乘B等于B乘A之类的运算法则迷住了。为了设法弄清楚,他画了一个矩形,然后旋转90°,长变宽,宽变长,发现矩形的面积并没变。维纳的拉丁语、希腊语、德语和英语也变成一种印在记忆中的书库,不论何时何地,都可以拿出来就用。在其他小男孩想当警察和火车司机的时候,维纳就渴望当一名博物学家,立志献身科学了。父母几次设法送他到学校去受教育,但不寻常的智力和训练使维纳在学校里很难被安排。他的阅读远远地走在书写的前面，他刻苦地学习并掌握了初等数学，但仍需要扳着手指做算术。直到 9 岁时，维纳才作为一名特殊的学生进了艾尔中学。维纳 11 岁进入大学学习。他兴趣广泛，大学第一年，物理和化学给他的印象远比数学深。第 2 年，维纳又为哲学和心理学所吸引。他读过的哲学著作大大超出了该课程的要求。也就在同一年，维纳又把兴趣集中到生物学方面。维纳用 3 年时间读完了大学课程，于 1909 年春毕业。在父亲的安排下，他转到康奈尔大学去学哲学，第 2 年又回到哈佛，研读数理逻辑，于 18 岁获哈佛大学哲学博士学位。当时，还流传着这样一个有趣的故事：

在博士学位的授予仪式上，执行主席看到一脸稚气的维纳，颇为惊讶，于是就当面询问他的年龄。维纳不愧为数学神童，他的回答十分巧妙："我今年岁数的立方是个四位数，岁数的四次方是个六位数，这两个数，刚好把十个数字 0、1、2、3、4、5、6、7、8、9 全都用上了，不重不漏。这意味着全体数字都向我俯首称臣，预祝我将来在数学领域里一定能干出一番惊天动地的大事业。"维纳此言一出，四座皆惊，大家都被他的这道妙题深深地吸引住了。整个会场上的人，都在议论他的年龄问题。其实这个问题不难解答，但是需要一点数字"灵感"。不难发现，21 的立方是四位数，而 22 的立方已经是五位数了，所以维纳的年龄最多是 21 岁；同样道理，18 的四次方是六位数，而 17 的四次方则是五位数了，所以维纳的年龄至少是 18 岁。这样，维纳的年龄只可能是 18、19、20、21 这四个数中的一个。剩下的工作就是"一一筛选"了。20 的立方是 8 000，有 3 个重复数字 0，不合题意。同理，19 的四次方等于 130 321，21 的四次方等于 194 481，都不合题意。最后只剩下一个 18，是不是正确答案呢？验算一下，18 的立方等于 5832，四次方等于104 976，恰好“不重不漏”地用完了十个阿拉伯数字，多么完美的组合！这个年仅18岁的少年博士，后来果然成就了一番大事业：他成为信息论的先驱和控制论的奠基人。

1913年，19岁的维纳在《剑桥哲学学会会刊》上发表了一篇关于集合论的论文。这是一篇将关系的理论简化为类的理论的论文，在数理逻辑的发展中占据了一席之地。维纳从此步入学术生涯。同年，他以一篇有些怀疑论味道的哲学论文《至善》，获得哈佛大学授予的鲍多因奖。在转向函数分析领域之前，维纳在逻辑和哲学方面共发表了15篇论文。

1924年维纳升任助理教授，1929年升为副教授。由于在广义调和分析和关于陶伯定理方面的杰出成就，1932年晋升为正教授。1933年，维纳凭借有关陶伯定理的工作与莫尔斯分享了美国数学会五年一次的博赫尔奖。差不多同时，他当选为美国科学院院士。通常给予取得成功的美国数学家的荣誉之一，就是要求他为美国数学会《讨论会丛书》写一本书。1934年夏，维纳应邀撰写了《复域上的傅立叶变换》。不久，他当选为美国数学会副会长。

30年代开始，维纳关注布什研究的模拟计算机。1935～1936年，他应邀到中国作访问教授。在清华大学，他与中国的李郁荣合作，研究并设计出很好的电子滤波器，获得了该项发明的专利权。

1948年，维纳创立了控制论。这是一门以数学为纽带，把研究自动调节、通信工程、计算机和计算技术以及生物科学中的神经生理学和病理学等学科的共性问题联系起来而形成的边缘学科。尽管维纳的科学发明创造很多，但他对科学发展所作出的最大贡献，是创立控制论。他因此而立即从声誉有限的数学家一跃成为国际知名人士，此时他已年过半百。此后，维纳继续为控制论的发展和应用作出了杰出的贡献。

1964 年 1 月，他由于“在纯粹数学和应用数学方面并且勇于深入到工程和生物科学中去的多种令人惊异的贡献及在这些领域中具有深远意义的开创性工作”荣获美国总统授予的国家科学勋章。维纳是伽金汉基金会旅欧研究员，富布赖特研究员，英、德、法等国的数学会会员，担任过中国、印度、荷兰等国的访问教授。

维纳在其 50 年的科学生涯中，先后涉足哲学、数学、物理学和工程学，最后转向生物学，在各个领域中都取得了丰硕成果，称得上是革命导师恩格斯颂扬过的“20 世纪多才多艺、学识渊博的科学巨人”。他一生发表论文 240 多篇，著作 14 本。他的主要著作有《控制论》(1948)、《维纳选集》(1964)和《维纳数学论文集》(1980)。维纳还有两本自传《昔日神童》和《我是一个数学家》。

数学没有让女人走开

“数学是智能的一种形式”，数学家霍维如是说。数学的抽象性更为这门基础科学披上了费解、难懂、枯燥无味的外衣，于是许多人在数学面前望而却步，更不要说去攀登数学的高峰了。尽管“数学是科学的大门和钥匙”早已成为人们的共识，但在数学面前退却者大有人在，致力于数学研究者实是令人钦佩。在这些勇敢的探“宝”者中，几位女性尤为使人折服，她们不仅与男子一样不懈地追求数学的真谛，而且还作出了令人瞩目的成就，和男性数学家相比毫不逊色，再一次向人类昭示出女性的力量。这里介绍几位最著名的女中豪杰。

第一个数学女博士柯瓦列夫斯卡娅

在 19 世纪，女性成才的艰辛是可想而知的，出类拔萃的女性更是少之又少，这里，不能不提俄罗斯的第一个女数学家柯瓦列夫斯卡娅。

柯瓦列夫斯卡娅出生于一个炮兵团长家庭。优越的家境并没有妨碍她成为一名出色的数学家。对科学的爱好缘于她那博览群书的伯父所讲的各式各样的科学发明和科学问题的故事。8 岁开始，家里为她聘请了一位家庭教师。12 岁那年，她独立推导出最简单的三角公式，被人们誉为“新的帕斯卡”，而此时，她还不懂三角函数这一学科。由此，也决定了她终生的数学道路。

其后，柯瓦列夫斯卡娅辗转各地，或在彼得堡（今列宁格勒），或去德国柏林，悉心学习和研究数学，特别是她成了大数学家魏尔斯特拉斯的学生后，其数学天分得以充分的显露，先后在 4 年中完成了 3 部数学专著，其中之一的《偏微分方程理论》提出了这一领域中的一个主要定理，并以柯西—柯瓦列夫斯卡娅定理的名称载入数学史册，她也因此获得了哥廷根大学的博士学位（相当于现在的科学副博士）。

使柯瓦列夫斯卡娅的科学声誉达到顶峰的是 1888 年，已任斯德哥尔摩大学教授的她出版了著名的《固体绕定点旋转问题》一书，获得了瑞典科学院奖，同时成为有名的《数学杂志》编委。也就在 1889 年，她成了彼得堡科学院的第一位女院士，她用自己的科学成就，在科学上为全世界的女性开辟了一条道路，并且证明女性能够与男性一样获得成功。

顺便提一下，柯瓦列夫斯卡娅还是一位出色的女作家，较为著名的作品有小说《女虚无主义者》、剧本《为幸福而斗争》、自传体特写《童年的回忆》，另外还有许多短篇小说和诗歌作品。

为真理而献身的女数学家希帕蒂娅

如果要把数学追溯到古老时代的话，那么世界上第一位杰出的女数学家当推公元四世纪古希腊亚历山大学派的希帕蒂娅，其父西翁则是注释欧几里得和托勒密巨著的著名数学家。家庭的熏陶使她进步很快，10 岁时就能用影子来测量埃及金字塔的高度，19 岁前读完了当时几乎所有大数学家的著作，如欧几里得的《几何原本》、阿波罗尼斯的《圆锥曲线论》、阿基米德的《论球和圆》等，并协助父亲最终完成了对《几何原本》的评注和修订。这个评注本，成了现代《几何原本》的基础。公元 390 年，希帕蒂娅来到雅典专攻希腊哲学和数学，回国后便被聘请为博学园教授数学和哲学。她学问渊博，能说善辩，被誉为“圣人”，欧洲、亚洲和非洲各地都有学生不远万里来向她求学。

希帕蒂娅一生除了与父亲一起注释《几何原本》外，还为《圆锥曲线论》和大数学家丢番图的著作写过注释，为托勒密研究三角学和天文学的巨著《天文学大成》写过评注。同时，她还写了多篇数学论文，对当时数学的发展起了很大的推动作用。除了数学，她还设计过一种可以观察天象、推算时间的“星盘”，设计出提取蒸馏水的设备及测定水平的器具和确定流体比重的仪器。

特别值得一提的是，希帕蒂娅一生追求数学，坚信科学真理而不信基督教，不怕触犯当时宗教那至高无上的地位，最终激怒了教会。公元 415 年，一群基督教暴徒在主教基利尔的唆使下，把她割成碎块，惨死街头，这是数学史上一桩有名的惨案。之后，希帕蒂娅的追随者和学生们纷纷逃亡，影响巨大的亚历山大学派也因此而告终。但是，希帕蒂娅为了捍卫科学真理，不惜牺牲自己宝贵生命的精神，却永远激励着后人为攀登科学的高峰而努力奋斗。

才冠群雄的女数学家诺特

1935年4月14日，迄今为止最伟大的女数学家诺特不幸死于外科手术，举世震惊，著名数学家韦尔致悼词，一代大家爱因斯坦在《纽约时报》专门发表悼念文章。

诺特1882年生于一个以喜好钻研学问著称的犹太人家庭，父亲是爱尔朗根大学的数学教授。18岁那年，诺特考入了爱尔朗根大学，7年后获博士学位，之后应大数学家希尔伯特之邀，只身来到当时世界数学的中心哥廷根大学当访问学者。凭着自己的数学才能，通过大数学家希尔伯特、韦尔等人的推荐，诺特终于在清一色的男子世界——哥廷根大学取得了教授称号，尽管这只是“非雇员的编外教授”，但却使她步入了职业数学家的行列。在哥廷根大学这个学术氛围异常浓郁的环境中，诺特完成了经典论文《环中的理想论》，这标志着抽象代数学的开端。诺特还培养了像范德瓦尔登这样出类拔萃的数学英才，其科学声誉也因此达到了顶峰。

不久，希特勒法西斯上台，德国的文明、哥廷根的成就遭到了空前的浩劫。诺特被迫离开自己的国土，来到美国的布林马尔学院任教。诺特虽然只活了53岁，但她在数学上的巨大贡献早已成为科学宝库中的珍贵遗产，不分国界，跨越时空。

当今数坛女巨星罗宾逊

在当今国际数坛上，传颂着一个女性的名字：罗宾逊。她是第一个被选为美国国家科学院院士的女数学家，同时也是第一个当选为美国数学会主席的女性。不幸的是她在1985年因患白血病离开了人世，她的去世不仅是数学界的重大损失，而且是妇女界的重大损失。但可以向这位伟大的女数学家告慰的是，她的名字已成为亿万妇女献身科学的象征，她的事业早已如盛开的鲜花，洒满世界的每一个角落。

罗宾逊 1919 年生于密苏里州的圣路易斯，21 岁毕业于加州大学柏克莱分校，第二年取得硕士学位，其后从事数理逻辑的研究，并于 1948 年获得博士学位。80 年代以来，她的兴趣开始集中到希尔伯特的第 10 个问题上，并取得卓著成就，被收入美国数学会《纯粹数学论文进展》的第 28 卷中，她也因此而为数学界所瞩目。

罗宾逊一生支持正义，热爱人民，积极扶助女性的科学活动。她敬重师长，勤于思考，刻苦钻研，从她每天工作情况的“说明”中我们便可窥见一斑：星期一，证明定理；星期二，证明定理；星期三，证明定理；星期四，证明定理；星期五，定理是错的。在她的一生中，她赞成给所有的学生提供机会，她的观点是凡有能力并想进行数学研究的女性，都应该有机会发挥才干。她还私人捐赠了相当一笔资金给基金会，以奖励在数学方面有贡献的年轻人。

罗宾逊是广大女性的骄傲，也是女性攀登科学高峰的楷模，她为数学所作的贡献，为女性解放而作的不懈努力，永远光照人间。

非洲妇女的骄傲若斯菲娜

非洲的近代数学科学研究起步较晚，成绩卓著者寥若晨星，其中的女性更是凤毛麟角。现年 49 岁的喀麦隆女数学家若斯菲娜是非洲第一位女数学家。

若斯菲娜的父亲是巴扬冈部落的一个王子，母亲是著名的巴蒙王朝的公主。优越的家庭条件使她 14 岁在杜阿拉女子中学学完初中后，争取到父亲把她送到条件甚好的法国去读高中。由于种族歧视，她一开始转入的巴黎费内隆中学校长反悔了接纳她的决定，要她转到别的学校去。生性倔强的若斯菲娜竟大胆地给当时的法国总统戴高乐将军写了一封信，诉说自己所受到的不公正待遇。最终，将军大方地让她自行选择学校，于是，若斯菲娜选择了朱尔—费里中学。在那里，她深深地爱上了数学。一方面，她的数学教师都是女的，有一种天然的亲近感；另一方面，她折服于数学无与伦比的逻辑美；更主要的是她自信自己适合学习数学，在数学上有天才。高中毕业后，若斯菲娜考入大学数学系。在大学期间，她学习异常刻苦、认真，她那高超的演算能力不仅令同学惊羡，就连数学教授也感惊奇。1971 年，26 岁的她以优异的成绩取得了博士学位。10 年后，她又获得国家博士称号，这是法国每年只有一个席位的荣誉称号，必须是有相当造诣和突出成就的学者才能获得。这一荣誉也使她进入数学家的行列，成为非洲第一位女性数学英才。

20 世纪 80 年代的最后一个春天对若斯菲娜来说格外明媚，她被任命为东京联合大学成员，成为担任此职的第一位非洲人，也成了非洲首屈一指的女强人。

算学大师华蘅芳

六艺之科，算学居首，历朝才智之士，撰述如林。至清代，海宁的李善兰之算学被誉为“绝学”，而能与之齐名的算学家，唯有金匮(今无锡)华蘅芳。

刻苦学习少年时

华蘅芳(公元 1833～1902)，字若汀，1833 年(清道光十三年)出生在无锡南延乡荡口的一个小官僚家庭。他之所以成为一代算学大师，与他从小的刻苦钻研、努力学习是分不开的。

无锡是江南的富庶之区，地灵人杰，富有文化传统。14 岁那年，他受同乡徐寿的影响，立志探求新的知识。一次，他从徐寿那里借到一本明代算学家程大位的著作《算法统宗》，爱不释手，朝夕研读，书中所列难题，硬是给他一个个地攻破了。这次学习，使他尝到了学习算学的甜头，竟由此对算学产生了浓厚的兴趣，简直到了入迷的程度。他一钻进书房，便整天不出门。他经常到书坊去搜寻数学书籍，从他在《学算笔谈》(卷五)中的一段话，便能窥见其青少年时代刻苦学习数学之一斑："吾于算学生平未尝受业于人……自十五六岁时偶于故书中检得坊本算法，心窃喜之，日夕展玩，不数月而尽通其义；吾父见其癖嗜此学，必是性之所近也，遂为之购求算学之书。"后来，他又学习"秦氏《数书九章》、梅氏《历算全书》、罗氏《观我生室(汇稿)》、《李氏遗书》、《董方立遗书》、《衡斋算学》、《焦理堂学算计》、骆春池(腾凤)《艺游乐》，始知算学有古今中西之异同。而《几何原本》当时尚未译全，其前六卷也无单行之本，惟《数理精蕴》中有之，及购得《数理精蕴》，遂能通几何之学，而吾年已二十矣"。可见，华蘅芳青少年时代对数学就有了相当多的了解，他无师自通，通过自学，对上自秦汉下至明清时期的中国古代大量算学著作进行了比较全面、系统的学习和钻研，从中吸取了丰富的营养，为攀登数学科学的高峰打下了坚实的基础。

虚心好学是美德

虚心好学是每个成名科学家的传统美德，华蘅芳也不例外。他那"感动上帝"的好学精神一直为世人所津津乐道，交口称赞。

华蘅芳得知上海有个名叫李善兰(定居上海)的数学家正同外国天文数学家伟烈亚力合作，一起翻译一部叫《代微积拾级》的数学著作，便千里迢迢来到上海登门求教。华蘅芳的诚恳、坦率和好学感动了李善兰。李善兰不仅认真回答了他所提出的一连串问题，而且还主动向他介绍了当时世界数学研究的情况，使华蘅芳眼界大开。最后，李善兰慷慨地将自己已经译出的《代微积拾级》手稿借给了他，让他抄写，供他研习。华蘅芳如获至宝，回家乡后便足不出户地攻读。由于当时国外的数学水平远高于我国，所以华蘅芳遇到了许多困难。一年过去了，还是弄不明白，这可真把他难住了。怎么办？就此止步吗？不！他鼓足勇气，二赴上海向李善兰再次请教，李善兰不厌其烦，耐心地向华蘅芳讲解，鼓励他要“反复钻研，持之以恒”。上海之行，鼓起了华蘅芳继续钻研的风帆。经过认真努力的钻研，他终于找到了学习的秘诀：不求之过急，一步一个脚印地向前探索。这样一来，局面逐步打开了，不到一年，他便领会了《代微积拾级》的精神实质。真是“积跬步可至千里”！

从此以后，华蘅芳在吸取我国古代算学遗产的基础上开始向翻译领域进军。他努力翻译西方数学，以后的40年中，他把主要精力都用在翻译西方科学知识的事业上。其中以数学著作居多，其他还有地质、航海、气象、天文诸方面。他翻译的《地质学原理》是我国第一本引进“进化论”的科学著作。

浩然正气中国人

作为一个科学家，华蘅芳孜孜不倦，钻研学问；作为爱国者，对于那些鄙视中国人的西洋工程技术人员和教习，他据理抗争，表现了中国知识分子的浩然正气。下面的几则事例就很能说明这一点。

清代中国制造火药，需要大量硝镪水原料，而这种原料国内还不能生产，只得依靠日本，欧美国家乘机抬高价格，勒索我国的钱财。为此华蘅芳十分愤慨，又十分痛心，他决心“自制镪水以塞漏卮”。经过连日苦干，终于在龙华火药厂研制成功，为国家节约了三分之二的外汇。他在天津武备学堂任教习时，中国驻德使馆购得一部试弹速率机，又是华蘅芳用微分知识讲清了使用的道理和方法，“洋为中用”，其作用也就不言而喻了。最令人敬佩的是这样一件事：德国早在18世纪就有了气球，一百年后，在落后的清代中国仍被视为罕见之物，在华的德国教习竟将中法战争时所用的行军瞭望废气球拿来讥笑中国人不会演放飞升，不会制造。华蘅芳得知此事后极为气愤，立即督工试制，他与工匠同吃同干，夜以继日，通宵达旦，终于在1887年（光绪十三年）制成了一个直径为5尺的氢气球，当这个中国人自制的氢气球冉冉飞向天空时，国人无不为之欢欣鼓舞，扬眉吐气。

数学遗产放光华

过分的劳累拖垮了华蘅芳本不强壮的身体。1899年11月（光绪二十五年），他在久病之后突然头晕心跳加速，病情日益加剧，终于在1902年（光绪二十八年）走完了生命的最后历程。但他留给后人的宝贵遗产却永放光华，光照人间。请看：著述《学算笔谈》十二卷，《算草丛存》四卷，《开方别术》一卷，《数根术解》一卷，《开方古义》二卷，《积教术》三卷以及《算法须知》、《西算初阶》等；译著《代数术》二十五卷，《三角数理》十二卷，《微积溯源》八卷，《代数难题解法》十六卷，《决疑数学》十卷，《算式解法》十四卷，《合数术》十一卷等。真是洋洋大观，成果卓著。

华蘅芸为我们创造了宝贵的数学科学财富，推动了我国数学科学的发展，不愧为一代算学大师。

清代数坛精英李锐

李锐(公元1768～1817)是我国清代中期著名数学家,字尚之,号四香,江苏元和县(今苏州市人)。他天禀聪慧,潜心经史,勤于探讨,不遗余力。早年学习《算法统宗》,对天文数学有着特殊的兴趣和爱好,"每得一书,其有关历数者,必广搜博采,穷幽极微,取其精华,以资会通辅益",因此在天文数学上造诣极深。他深明古历,上自《三统历》,下讫《授时历》,都能洞彻本源,著有《召诰略考》、《回回历元考》、《司天通志》、《历法通考》等。他精于数学,会通中西异同之奥,探本穷源,深得其安,著有《方程新术草》、《勾股算术细草》、《弧矢算术细草》、《开方说》等。殁后,阮元(公元1764～1849)将其数学著作汇刻于广东,得《李氏遗书》17卷。

李锐一生,"在家教学,从游者多登第,君(李锐)则屡不得中",因而也没有任过官职。但他努力从事研究和著述,在中国数学史上留下了光辉的一页。后因"得咯血疾"而与世长辞，年仅49岁，清朝数坛一颗瞩目的明星消失了。但他为我们留下的宝贵科学遗产却划破时空，为后人所颂扬。下面，从三个方面介绍李锐对中国数学发展所作出的重要贡献。

对中国传统数学的挖掘和整理

李锐生活在乾隆年间，由于清朝对外闭关自守，对内推行文化专制，致使西方数学输入中断。于是，我国的数学研究也就停留在整理与发展古代传统数学为主要内容这一层次上。1733年开始的《四库全书》的纂修，使我国古代的许多数学专著，诸如宋元时代秦九韶的《数书九章》等得到了发掘，清代的数学家纷纷对其作校勘整理。李锐作为当时数学家的杰出代表，与安徽人汪莱（公元1763～1813）、江苏扬州人焦循（公元1763～1820）（号称“谈天三友”）捷足先登。他们对秦九韶及金元时代的李冶之学说作了精心研究，细致校勘，悉心整理，使这两朵沉睡了五百年之久的古代数学奇葩再放异彩。李锐对李冶的两部名著《测圆海镜细草》、《益古演段》“详细厘定，凡传写舛误，及秘奥难知者，计加案白余条，其有原术不通，则设新术数则，更以梅说外，辨得天元之相消，有减无加，与借根方之两边加减法少有不同”。他将“词隐理奥，无能通之者”的《测圆海镜细草》、《益古演段》两书改写成后来最为通行的版本，为古代数学成就的传播推广以及表彰先辈的光辉成果，起了重要的作用。焦循评价称：“吾友元和李尚之锐，精思妙悟，究核李氏全书。复辨别天元之相消，异乎借根之加减。重为校注，奥秘益彰。信足以绍仁卿（李冶）之传，而补文穆公（清初大数学家梅文鼎之子）所不逮也。”

参加《畴人传》的初编和纂修

《畴人传》(46卷),创世于乾隆六十年(公元1795),完稿于嘉庆四年(公元1799),辑录从皇帝到清朝中期中国天文数学家243人,西方天文学家37人,共280人。《畴人传》名义上是阮元编写的。但他却有这样一段自述:"中间供职内外,公事殷繁,助元校录者元和学生李锐暨台州学生周治平力居多。"由此,李锐在这一工作中所承担的任务和所作出的重要贡献就不言而喻了。要从浩如烟海的古籍中辑录有关天文数学的人和事,是件十分困难的事。在这一开创性工作中,李锐的贡献是首屈一指的。这从《畴人传》续篇编者之一罗士琳(公元1774~1853)为李锐作传的一席话中可以窥其一斑:"尚之为钱少詹事(钱大昕)高弟,成蓝谢青,又能专志求古,不遗余力。继往开来,续残补缺,遂使二千年来论替之绪,得大昌于世。"《畴人传》的面世,独树一帜,开我国全面总结整理科学技术史之先河,使中国历代数学家之事迹和贡献流传于世,为中国数学史奠定了坚实的基础。李锐堪称为先驱之人。

在方程理论研究上硕果累累

在其生命的最后几年,李锐集中精力研究方程理论,写出了当时震惊数坛的著作《开方说》(3卷)。可惜的是他只完成了两卷就去世了。最后一卷由其弟子黎应南"依法推衍,非敢参以己见,并将先生平日论开方之语"补成。

《开方说》在我国方程理论史上具有重大的价值。它不单纯讲开方问题,而是系统讲述方程的理论问题。在这部著作中,李锐论述了方程正根个数与系数符号变化之间的关系,提出了倍根、重根的概念,研究了高次方程根的形式,得到了与著名的"笛卡儿符号法则"一致的结论。这些成果,从某种意义上说，已经接近于代数基本定理的初步思想，对现代方程理论的发展起了奠基作用。

李锐的数学研究，虽大多从古代数学出发，但通过他的辛勤劳动，却使濒于枯萎的老树发出新芽。诚如《李氏遗书》卷前所言：“深于天文算术，(长)江以南第一人也。”这一评价是对李锐一生所作数学贡献的最好概括。

从数学迷到数学家

当今数坛，群星璀璨，人才济济。在数学大厦的丰碑上，镌刻着一个令人瞩目的名字——徐利治。他对数学的矢志追求，诲人不倦育新人的事迹，被广为传颂，交口称赞。

从小就是数学迷

徐利治1920年出生于张家港市一个普通家庭，小时候随父亲在无锡居住。父亲是一位木匠，不幸因病过早去世，他只好随母亲回故乡投亲靠友，过着贫困的生活。在伯父的竭力帮助下，他才进了小学。他常常把伯父交给他的午饭钱省下来买书和练习本。为了节省用纸，他常用手指在睡觉的凉席上练字。在上学和放学的途中，他也很少与同学结伴，而是一个人边走边想问题，抓紧时间温习功课。由于他学习成绩优异，学校减免了他的学费和书费。

休息天或假期的早上，他常常去茶馆听老人讲故事、聊天。一次，一位老先生谈到一个数学难题，并说至今没有人能解答。徐利治听了这件事，故事也不听了，急急忙忙赶回家，拿起笔和纸就计算起来，花了一整天的时间，还是没有解决，但却使他对数学产生了特殊的兴趣。

小学毕业后，他以常熟县第一名的优异成绩考取了省立洛社师范学校。进入师范学校，他对数学更入迷了，但是他没有更多的钱来买他喜爱的数学书。

一天，徐利治在一个书摊上发现了一本《范氏大代数》，他被书中的数学公式、数学题目吸引住了，爱不释手，却又无钱购买。摊主被他的精神所感动，同意借给他一星期。徐利治如获至宝，花了一星期抄完了全书。这本书伴随了他大半辈子，他把这本书带在身边走遍了大江南北。徐利治对数学的追求，对数学的迷恋，竟到了如痴如醉的程度。

刻苦攻关显本色

俗话说得好：一朝难定胜负，百日方见英才。这句话用在徐利治身上是最贴切不过了。徐利治中学毕业后，以优异的成绩考取了当时的最高学府——西南联合大学，那里云集了我国许多出类拔萃的有为青年。

一次，一个多项式问题搅得他连续几天寝食不安。夜深人静，同学们早已进入甜蜜的梦乡，徐利治打着手电筒来到走廊，在灯下认真思索、钻研；白天他"泡"在图书馆里，淡馒头、白开水充饥。几周下来，人消瘦了，也更沉默了。同学们都说他入魔中邪了。徐利治顾不上别人的议论，仍然夜以继日地苦干，终于攻破了这座顽固的"堡垒"。

数学王国确实有无数奇珍异宝，但只有那些意志坚强、百折不挠的人才能得到。徐利治就是这样的人。进入数学王国

40多年来，不管风云如何变幻，自身处境怎样顺逆更迭，徐利治始终不停地钻研，最终在数学研究的一些领域中取得了重要的成就。“徐氏渐进公式”、“徐氏逼近”、“凯雷—徐氏数”、“蓝道—徐多项式”等在国际上得到了公认。此外，徐利治还发表了《计算组合数学》、《数学方法论选讲》等13部著作和150余篇论文，这些研究成果有的在国际上领先，有的开创了新路，促进了学科的发展。

精心育人美名扬

徐利治在一生的学术生涯中，带出了许多数学人才，他那精心育人的春蚕精神，受到了人们的赞许。南京大学朱梧槚教授的成长，便是其中典型的例子。当年，朱梧槚还是吉林大学数学系的一名学生，他超人的才智深得系副主任徐利治的欣赏。后来朱梧槚被错划为右派，送回江苏宜兴老家。同样身处逆境的徐利治，虽然工资降了两级，还时时寄些钱给朱梧槚，并通过400多封来信、复信，5次互访，讨论数学学术问题。有段时间，朱梧槚为生活所迫，曾一度中断了数学研究，徐利治知道后，又是写信，又是寄资料，一再嘱咐朱梧槚不可泄气，不要荒废学业。暑假期间，徐利治千里迢迢专程赶到乡下，住了27天，与朱梧槚一起研讨数学问题，为朱梧槚鼓气。在徐利治的关怀下，朱梧槚不断著书立说，奋斗不懈，做出了国际上领先的研究成果。

不仅朱梧槚一人，吉林大学的王仁宏教授、南京大学的郑毓信教授、杭州大学的王兴华教授都曾受益于徐先生，并成为学有成就的中年佼佼者。

徐利治在大连工学院是最受学生欢迎的几位名教授之一。他备课认真，一丝不苟，讲课严谨而又深入浅出。

一次，他为了讲清极限概念，竟然在办公桌上堆放了一叠参考书。一位学生见了很是惊讶：大名鼎鼎的一级教授备课竟如此认真！徐利治的身体力行，激发了学生的学习积极性。在徐利治的带领下，一批又一批的学生走上了数学研究的道路。

科学普及带头人

徐利治始终站在数学的最前沿阵地搞研究，但他时刻不忘数学知识的普及工作，他说："数学必须普及，因为各行各业都需要数学，提高全民素质，数学是必不可少的重要一环。"

他把枯燥的概念、定理、公式，通过演绎，描绘了一幅幅沟通现实与理想的完美图画；他率先创立了数学美学，号召大家来欣赏数学美。在他的倡导下，特别是中央电视台播出了他的专题报道后，一大批青少年和数学爱好者，与"哪里有数，哪里就有美"的至理名言产生共鸣，纷纷敲开数学王国的大门，为探密寻宝奋斗不止。

为了使广大青少年学有章法，徐利治教授首创了数学方法论，将数学与哲学结合起来，为人们研究数学提供了理论依据。他的专著《数学方法论选讲》一版再版。美籍数学教育家G. 玻利亚称："中国搞数学方法论，首推徐利治先生。"徐利治教授主编的《数学方法论》丛书已陆续问世，这必将极大地促进我国数学的发展。

70高龄的时候，徐教授依然精神抖擞，精力充沛，应邀赴各地讲学。他作报告谈笑风生、严谨幽默。

他主编的杂志设青年奖学金，鼓励青年开展数学研究。他身兼国内几所大学、研究所的教授、研究员，中国科学院数学研究所顾问等许多职务。

他常常工作到午夜，他这样拼命工作，想的是为国家培养更多的数学人才，为祖国争光，为中华民族争气。他期望着中国成为一个数学强国。我们相信，徐利治教授的愿望一定能实现。

中国现代数学教育的先驱者

在中国现代数学史上，有许多辛勤执教的老前辈，他们不仅做出过许多研究成果，而且在满目疮痍的旧中国，为了数学教育事业，惨淡经营，终生不渝，其不朽的业绩永远为后人所缅怀，傅种孙便是突出的一位。

（一）

傅种孙(1898～1962)，江西高安人。从小家境贫困，14 岁入中学，酷爱几何学，为节省费用，中学未毕业便转学至袁州师范就读。因为对几何的爱好，他在袁州师范就将平面几何读了两遍。傅种孙 19 岁考入北京高等师范学校数学部学习，有幸受教于著名数学教育家冯祖荀。3 年后，傅种孙以优异的成绩毕业并留校任教，靠冯祖荀的提携，傅种孙年纪轻轻便登上了大学讲台，成为北京高师的数学教师，之后辗转北京女子师范大学、北平女子文理学院、北京大学、北平辅仁大学、西北师范大学、西北大学等高校执教。1935年，中国数学会成立，傅种孙当选为评议委员。1945年至1947年，傅种孙赴英国考察，回国后任北平师范学院数学系主任。全国解放后，傅种孙先后担任北京师范大学数学系主任、教务长、副校长，中国数学会常务理事，《中国数学杂志》(《数学通报》前身)总编辑(另一位总编辑是华罗庚)等职。

傅种孙的研究工作是多方面的。他从20世纪20年代开始不断把几何基础知识介绍到国内，又把希尔伯特的名著《几何学基础》译为中文出版，书名为《几何基础》。数学基础也是他首先介绍到中国来的。1922年，他与张邦铭共同把英国大数学家罗素(1872～1970)的《Introduction to Mathematical Philosophy》翻译成中文，名为《罗素算理哲学》。20世纪40年代以后，他的研究方向转到群论，1941年，他推广了德国数学家弗洛比尼斯(1849～1917)在1895年证明的一个群论的定理，这在当时是一个了不起的成果。

(二)

傅种孙在数学教育、数学普及方面的工作在国内首屈一指，对中国数学界特别是中学教师的影响巨大，他除了撰写大量的初等数学论文外，还身体力行，始终站在教学的第一线。早在20世纪三四十年代，北平师大、西北师院和陕西省举办过5次中学理科教员暑期讲习班，每次的数学部分主讲，均由傅种孙担任。主要内容是中学教师在数学教材上容易忽略或不易正确讲授的问题，也有拓宽中学教师知识的内容，如0之特性及其所引起的纠纷、求积术与割补法、作图漫谈、释数学、逆圆函数及其恒等式、几何二元论等等。为了讲好课，他总要参考同类的三四本书，以使讲授之中辄有深见。在师范院校，傅种孙主讲代数课时，课本内容只讲大纲，详细论证由学生自读，他要讲的是自己的心得体会，这样教出来的学生自然眼界开阔，思维活跃。全国解放不久，傅种孙曾在 1951 年 5 月 30 日为北京的中等学校教员讲习班作了题为《从五角星谈起》的讲演，他从国旗上的五角星引出数学问题：五角星中的三角，五角星中的三线段，五角星之三角形，然后引出 n 角星之外角和，n 角星之有无、多少、枝数、瓣数、边幅、角幅，一直谈到作图。这些问题是初等的，解决时又用到数论和高等数学知识，深入浅出，别开生面。类似这样的例子还有很多，不再一一列出。

傅种孙对初等数学，特别是初等几何学倾注了很多的心血，其中以《平面几何教本》一书影响最为深远，一直流传至今。此书成于 1925 年，由算学丛刻社于 1932 年正式出版，该书以直观、精细及学术性强见长，全书用六大篇构成了框架，思路清晰，通俗易懂，深得当时使用此书的数学教师们的欢迎。至于傅种孙的译、校著，则以当时流行的《立体几何教本》，又称“三 S 几何”最为有名。20 世纪 90 年代，北京师范大学出版社仍将此两本几何范本予以重版，可见其影响。以至于有识之士要称：“傅种孙在初等数学方面的研究，精辟深刻，风趣生动，至今少有能超过者。”

（三）

特别值得一提的是傅种孙那可贵的人品。他为人师表，刚正不阿，嫉恶如仇。两件事情便可窥见一斑。

1924 年，当反动政府为镇压学潮而关闭北京女子师范大学时，傅种孙和以鲁迅为首的被政府开除的 46 名教授一起，率领学生另组北京女子师范大学，并担任该校的义务教师；北京解放前夕，傅种孙和北平师范学院的学生一起参加游行示威，起草、发表教授会的罢教宣言，抗议反动派的倒行逆施，迎接光明的来临。

傅种孙生命的64个春秋中有42年从事教育工作，他对学生关怀备至，一生的原则是“教不严，师之惰”。20世纪30年代后期，美国的散漫校风入侵北平，波及课堂秩序，许多教师不敢正视这种现象，唯有他严斥不安心听课的学生。他奖掖后学，乐于提拔人才。20世纪50年代初，在师范大学教务长任期中，他时常晚间坐在数学系的各教研室里静听助教答疑，给答疑工作做关键性的指导。即使是对不称职者的批评，也不是疾言厉色，更不是讽刺讥讪，而是从正面谆谆教诲。“严师出高徒”，在他的严格指导和精心培养下，许多受教于他的杰出人才得以脱颖而出，如著名数学家闵嗣鹤、数学教育家赵慈庚等便是突出的代表。顺便说一下，傅种孙的女儿傅若男教授也是承父业，专攻几何学，有专著《空间解析几何学》面世，现已退休。

傅种孙是我国自己培养的数学家，几十年中靠自己在国内坚持不懈的努力取得了卓越的成就。1945年，当他出国考察时，有人对他说：“你的学问是在中国学的，这次出国不是留学，你一留学人家会认为你是外国人教出来的，这是中国的损失。”确实，傅种孙的成就，扎根于中国的大地，从一个侧面反映了中国现代数学的逐步成熟。

现代数学教育自傅种孙等前辈迄今已有100多年的历史了，“俱往矣！数风流人物，还看今朝。”缅怀前辈的光辉业绩为的是让今天的人们能够继承他们的科学遗志，使中国的数学教育更上一层楼，在国际数学教育舞台上铸就更辉煌的形象，放出更灿烂的光彩，我们期待着这一天早日来到。

人物小传

独步数坛近千年

在数学史上，有一位独步数坛近千年的“世界之最”。他就是我国南北朝数学家祖冲之。

我们知道祖冲之是第一个算出 π——圆周率八位精确数的人。他算得了 3.141 592 6<π<3.141 592 7，这是世界上最早出现的 π 的七位数值，这个结果在当时堪称奇迹，遥遥领先于各国数学家研究的光辉数据，一直到 1 000 多年后的 1427 年才被中亚细亚的阿尔·卡西超过。为了纪念祖冲之的卓越贡献，日本数学家三上义夫建议把圆周率称为“祖率”。

祖冲之（公元 429～500），范阳遒县（今河北涞水县北）人，生活在南朝宋、齐之间，自幼爱好天文、数学。他勤奋好学，博览群书，刻苦实践，33 岁那年制定了著名的《大明历》，他把岁差原理引入历法，开辟了历法史的新纪元。祖冲之写出了后来被唐朝列为必读教材，日本、朝鲜等国列为教科书的数学专著《缀术》。他和儿子祖暅一起，用巧妙的方法解决了球体体积的计算，所采用的原理被誉为“祖暅原理”，比西方的卡瓦列利早了 1 000 多年。祖冲之是一位博学多才的伟大科学家，他设计创造过“千里船”、“水碓磨”、计时器等多种机械，制作过一种核正乐器的铜尺；他还懂得音乐，注过多种经典；他著有小说《述异记》，以至于《南齐书》把祖冲之的传记归入“文学类”。

祖冲之不仅在我国科学技术发展史上写下了光辉的一页，而且在世界科学史上也享有崇高的声誉，他的名字上了月球，被刻在了法国科学博物馆的墙上，他那镶嵌在莫斯科大学里的塑像永远放出智慧的光芒。

承前启后、学贯中西的巨匠

明末清初，西方数学的输入，打破了我国传统数学缓慢发展的局面，成就突出者不乏其人，梅文鼎堪称承前启后、学贯中西的巨匠。

梅文鼎（公元1633～1721），字定九，号勿庵，安徽宣城人，幼年时聪慧过人，有神童之称。1662年，他研究大统历法有心得，写成了《历学骈枝》（2卷）。1666年，他去南京乡试，开始接触到泰西历算。他学习异常刻苦、认真，常常通宵达旦，废寝忘食。遇深奥难读之书，总要彻底搞懂为止，从不轻易放过。就这样，梅文鼎孜孜不倦地从事对我国传统数学的挖掘和整理，推陈出新，同时又对西洋数学加以介绍，可谓融中西数学于一炉，集古今中外之大成。他的天文历算和数学著作大致可分为五类：一是对古代历算的考证和补订；二是将西方新法结合中国历法融会一起的阐述；三是回答他人的疑问和授课的讲稿；四是对天文仪器的考察和说明；五是对古代方志中天文知识的研究。其数学著作达 26 种，总名之曰《中西算学通》。这部巨著几乎总结了当时世界数学的全部知识，达到当时我国数学研究的最高水平，而且用了通俗易懂的语言和方法，使得读者易于接受和理解，可以说是深入浅出，以至于爱好数学的康熙皇帝 3 次屈尊求教。梅文鼎认为，科学研究应不分中西，主张“技取其长而理唯其是”。

梅文鼎是我国承前启后的杰出的天文、数学家，与英国的牛顿、日本的吴孝和同称为“世界科学巨擘”。他的研究工作对清代数学的发展起了很大的推动作用。

步算中西独绝伦

李善兰(1811～1882),原名心兰,字壬叔,号秋纫,浙江海宁人。他一生出过数学著作13种24卷,约15万字。另外翻译有几何书籍9卷,代数学13卷,与人合译了第一本中国的微积分译本,他还翻译了《曲线说》(3卷)、《谈天》(18卷)及《植物学》、《重学》等著作,是中国使用"变数"和"微积分"两词的先驱。李善兰在数学上最主要的成就是尖锥术、垛积术和素数论三项,其成果为世人瞩目称颂。特别是尖锥术,开中国传统数学特色之先河,使解析几何思想和微积分方法得以生根、开花、结果,进而使中国传统数学以其特殊的方式走上了近代数学的道路,意义不同凡响。

李善兰生性落拓,潜心科学,淡于利禄。他晚年官至三品,授户部正郎、广东司行走、总理各国事务衙门章京等职,但从未离开过数学教育工作。他于1868年被清政府谕召到北京任同文馆天文算学总教习,执教14年,培养了不少数学人才，如著名化学家徐寿的同乡、后来成为大数学家的无锡人华衡芳。说起李善兰和华衡芳的交往，还有这样一段珍贵的往事：当时华衡芳从无锡赶赴上海拜访李善兰，李善兰慷慨地把已翻译好的《代微积拾级》给了华衡芳让他研读，并且热情地为华衡芳安排了食宿，还不时加以指点。李善兰还有个特点，就是即使辗转各地，也从不间断其数学研究，为中国数学的发展汇入世界数学发展的洪流不遗余力。有诗赞道："步算中西独绝伦。"这是对李善兰这位19世纪中国最杰出的数学家的贴切评价。

值得一提的是，李善兰还与苏州有过溯源，他曾在江苏巡抚徐有壬帐下作幕僚。有趣的是徐有壬也是一位数学家，两人在苏州度过了一段研究数学的短暂时光，成为数学史上的一段佳话。

“几何学之父”欧几里得

欧几里得(约公元前 330～公元前 275)生于雅典，早年在古希腊雅典的柏拉图学院接受柏拉图学派的教育，学习了希腊古典数学及各种科学文化，30 岁就成了有名的学者。应当时埃及国王的邀请，他客居亚历山大城，一边教学，一边从事研究，把教授数学并从事数学研究活动作为自己的职业，著名学者阿基米德就曾做过他的学生，连托勒密王也拜他为师。欧几里得善于用简单的方法解决复杂的问题。他在人的身影与高正好相等的时刻，测量了金字塔影的长度，解决了当时无人能解的金字塔高度的大难题。

欧几里得在数学上的最大贡献是写下了令人叹为观止的巨著《几何原本》，其成就之高，影响之大，创下了又一个世界数学之最。《几何原本》共 13 卷，其严密的逻辑、完整的体系，使其成了科学理论逻辑结构的典范，同时开启了公理化方法的先河。欧几里得因此也成了“几何学”的代名词。19 世纪英国数学家狄摩根评价道:“除了《圣经》,没有任何一本书像欧几里得的《几何原本》这样,拥有如此众多的读者,被译成如此众多语言。”确实,直到今天,我们中学所学的几何学的大部分内容,还是来自 2 000 多年前的《几何原本》。一代科学巨匠爱因斯坦这样说:“西方数学的发展以两个伟大的成就为基础,一是希腊哲学家发明的形式逻辑体系(在欧几里得几何学中),二是通过系统的实验发现有可能找到因果关系(在文艺复兴时期)。”欧几里得的《几何原本》对人们科学思想的影响是深远的,时至今日,它对于培养人们的形象思维、逻辑思维和空间想象能力,仍起着不可估量的作用。

除了《几何原本》之外,欧几里得还有不少著作,可惜大都失传。《已知数》是除《几何原本》之外唯一保存下来的他的希腊文纯粹几何著作,体例和《几何原本》前 6 卷相近,包括 94 个命题,指出若图形中某些元素已知,则另外一些元素也可以确定。《图形的分割》现存拉丁文本与阿拉伯文本,论述用直线将已知图形分为相等的部分或成比例的部分。《光学》是早期几何光学著作之一,研究透视问题,叙述光的入射角等于反射角,认为视觉是眼睛发出光线到达物体的结果。

“数学之神”阿基米德

阿基米德(约公元前 287～公元前 212)生于西西里岛的叙拉古(今意大利锡拉库萨),家里是贵族,与叙拉古的赫农王有亲戚关系,家庭十分富有。阿基米德的父亲是天文学家兼数学家,学识渊博,为人谦逊。他 11 岁时,借助与王室的关系,被送到古希腊文化中心亚历山大里亚城学习。阿基米德在这里学习和生活了许多年,曾跟很多学者密切交往。他在学习期间对数学、力学和天文学有浓厚的兴趣。公元前 240 年,阿基米德回到叙拉古,当了赫农王的顾问,帮助国王解决生产实践、军事技术和日常生活中的各种科学技术问题。公元前 212 年,古罗马军队攻陷叙拉古,正在聚精会神研究科学问题的阿基米德不幸被蛮横的罗马士兵杀死,终年 75 岁。

在几何学方面,阿基米德确定了抛物线、弓形、螺线、圆形的面积以及椭球体、抛物面体等各种复杂几何体的表面积和体积的计算方法。在推演这些公式的过程中,他创立了“穷竭法”，即我们今天所说的逐步近似求极限的方法，因而被公认为微积分计算的鼻祖。他用圆内接多边形与外切多边形边数增多、面积逐渐接近的方法，比较精确的求出了圆周率。面对古希腊繁冗的数字表示方式，阿基米德还首创了记大数的方法，突破了当时用希腊字母计数不能超过10 000的局限，并用它解决了许多数学难题。作为数学家，他写出了《论球和圆柱》、《圆的度量》、《抛物线求积》、《论螺线》、《论锥体和球体》、《沙的计算》等数学著作。其中《论球与圆柱》是他的得意杰作，包括许多重大的成就。他从几个定义和公理出发，推出关于球与圆柱的面积、体积等50多个结论。

“给我一个支点，我就能推动地球”，这是阿基米德的一句名言。阿基米德不仅是个理论家，也是个实践家，他一生热衷于将其科学发现应用于实践，从而把二者结合起来。阿基米德既是数学家又是力学家，享有“力学之父”的美称。原因在于他通过大量实验发现了杠杆原理，又用几何演绎方法推出许多杠杆命题，给出严格的证明，其中就有著名的“阿基米德原理”。美国的贝尔在《数学人物》上是这样评价阿基米德的：“任何一张开列有史以来三个最伟大的数学家的名单之中，必定会包括阿基米德，而另外两个通常是牛顿和高斯。不过以他们的宏伟业绩和所处的时代背景来比较，或拿他们影响当代和后世的深邃久远来比较，还应首推阿基米德。”

值得一提的是，阿基米德生前最引以为豪的是这样一个发现：高和底面直径相等的圆柱体的体积，等于同它内接的球体积的一倍半。后人遵照他的嘱咐，把一个含有内接球体的圆柱体图案，铭刻在他的墓碑上，作为永久的纪念。

第一个证明勾股定理的人

凡学过几何的人，都知道勾股定理，即直角三角形两直角边的平方和等于斜边的平方。短的直角边称为“勾”，长的直角边称为“股”，直角的对边称为“弦”。俗话所说的“勾3、股4、弦5”正是勾股定理的特殊情形。

中世纪著名数学家开普勒的一句话说明了勾股定理的地位和作用。他说：“几何学有两大宝藏，一是毕达哥拉斯定理（即勾股定理），另一是黄金分割。”

说起勾股定理的发现，当推我国。早在西汉的《周髀算经》中，就有商高“勾广三，股修四，经隅五”的说法，所以有时勾股定理又称为商高定理。至于定理从理论上的严格证明，则是古希腊杰出的数学家毕达哥拉斯完成的。

毕达哥拉斯（约公元前580～前500），生于萨摩斯岛（今希腊东部的小岛），早年在锡罗斯岛师从费雷西底学习哲学、数学，后又随著名学者泰勒斯的学生安纳西曼德学习哲学和数学天文学。之后，他游历了埃及、巴比伦等文化古国，受到古代流传下来的数学和天文学知识的熏陶。他作为以他名字命名学派的领导人，第一个论证了勾股定理的正确性，从而使他的名字以定理的形式出现，也即毕达哥拉斯定理。古代诗人夏米梭还特意为此写诗赞美：

是他，一位病弱的人，

最早认识了永存的真理，

毕达哥拉斯定理，

它通古及今，代代相继。

毕达哥拉斯对数学的贡献是多方面的。他非常注意数与图形的关系，他把数排列成各种图形，称之为三角数、四角数、五角数、六角数等。他是第一个把“数”与“形”结合起来研究的人，可以说是数形结合数学思想的先驱者。

值得一提的是毕达哥拉斯对数“1”有着特殊的感情，他认为“1”是有趣数目，也是万物的“元素”，这与他的哲学观点“凡物皆数”有关。

梦溪园中升起的数学明星

高中数学课本中有用堆放的钢管图揭示出数列这一概念,如何求这些堆放着的钢管根数实质上也就变成了数列求和问题。这类问题宋朝的沈括已研究过,所不同的是这里将钢管代替了当时酒店里的酒桶。

沈括(公元 1031～1095),字存中,浙江钱塘(今杭州)人,出生在一个中下层的官吏家庭。他从小天资聪明,勤奋好学,博学善文,天文、方志、律历、音乐、医药、卜算,无所不通,皆有所论著。特别是他晚年隐居江苏镇江梦溪园中潜心著成的《梦溪笔谈》、《补笔谈》、《继笔谈》,洋洋 30 卷,更是前无古人,为中国科学宝库增添了一份珍贵的遗产,他本人被科学史家李约瑟誉为“中国科技史上的坐标”。

沈括对数学的贡献主要有三:一是发明“隙积术”,即得到了课本中那些垛积物的计算公式;二是创立“会圆术”,即已知弓形的高和圆的直径求弧长的方法;三是运用组合数学方法计算“棋局数”，在这里面，已用到了指数法则。光这三项卓越的成就，就足以使沈括在数学史上占有重要的一席之地。值得一提的是，沈括具有相当于运筹学的思想，他记载过一个“举一而三役济”的事例，并根据这一原理研究和解决了后勤供粮与运兵进退的关系等问题，他的思维方法与现代运筹学理论是完全一致的。他提出的“造微之术”已有了与无穷小求和相当的思想，这一微积分思想的萌芽几乎同600年后意大利数学家卡瓦列利的思想完全相符。

沈括是位出类拔萃的科学家，他精通物理学、地理学、地质学和数学，一生的著作仅注册的就达155卷，日本数学家三上义夫在《中国算学之特色》一书中写下了这样一段话：“日本的数学家没有一个比得上沈括，像中根元圭精于医学、音乐和历术，但没有沈括的经世之才；本多明精航海术，有经世之才，但不像沈括那样多才多艺……沈括这样的人物，在全世界数学史上找不到，唯有中国出了这一个人。”这是对沈括科学成就的高度评价。沈括这位“古代科学泰斗”虽然早已离开了我们，但作为科学史上耀眼的明星，却仍在梦溪园中闪闪发光。

划时代的数学巨匠

在数学历史的丰碑上，镶嵌着一个熠熠闪光的名字——秦九韶。

秦九韶（约1202～1261），字道古，四川人，南宋数学家。他1209年生于一个进士家庭，从小聪明好学，喜欢在解决实际问题中深入研究学问。据他自己称："早年侍中都（即今杭州），因得习于太史，又尝从隐君子受数学。"在著名学者陈元靓的精心栽培下，秦九韶学业有成，成果卓著。他1247年写成的鸿篇巨制《数书九章》（18卷，约20万字）被载入中世纪世界数学的史册，该书共81题，分为9大类，每类各有9题。其中的"大衍求一术"推广了有名的"孙子定理"，这类问题传到后世，就成了民间广为流传的"韩信点兵"、"鬼谷算"等有趣的数学问题，大数学家华罗庚教授评价说："这类问题与解法是世界数学史上著名的东西。"他的一次同余式组解法比高斯的研究要早500多年；他的高次方程数值解法代表了中国乃至世界中世纪数学的最高成就；他的“三斜求积公式”与古希腊的“海伦公式”异曲同工，以“海伦—秦九韶公式”闻名于世。秦九韶总结和巩固了前人的开方法，整齐而有系统地将其应用到任意次方程的有理或无理根的求解上，实质上和西方的“霍纳法”完全相同。而“霍纳法”的发表要比秦九韶晚570多年，无怪乎著名科学史家萨顿要称秦九韶是“他那个民族，他那个时代，并且确定也是所有时代最伟大的数学家之一”。

秦九韶多才多艺，对天文、音律、数学、建筑无不精通，当时的人称他“性极机巧，星象、音律、算术以至营造等事无不精究”。深究秦九韶成才的原因，天才加勤奋是不可忽视的因素，他那“以拟于用”、“数学之传，以实为体”的唯物主义思想观点同样是重要因素。

一代大家话贾宪

开平方法起源于11世纪的北宋时期，发明者为当时才冠群雄的数学家贾宪。他不仅发明了便于推广的新的开平方方法，而且对开立方乃至开任意高次方均有建树，由此还得到了令数坛震惊的“增乘开方法”，开高次方程的数值解法之先河。

贾宪乃当时著名天文学家楚衍的学生。楚衍长期在天文台工作，对我国《九章算术》、《海岛算经》、《缉古算经》等经典数学著作很有研究，贾宪在他的指导下受益匪浅。他曾任左班殿直等官，但对数学的兴趣尤大，他精通运算，并且“有书传于世”，曾著有《黄帝九章细草》、《释锁》等数学书，他在数学上最杰出的贡献除了上面所说的“增乘开方法”的发明外，还有能把任何次的二项式展开的“贾宪三角形”。这两项伟大的成就比国外同类成果分别早了700年和400年，创造了两项数学领域的世界冠军。

对《九章算术》的术文进行进一步抽象，是贾宪对中国古代数学算法理论的又一贡献。此外，贾宪还对许多问题提出了与《九章算术》不同的或全新的解法。如均输章九节竹问，《九章算术》用“衰分术”求解，贾宪则分别用“课分法”、“减分法”、“方程术”求解。贾宪将“今有术”改称“互换术”，提出了“合率术”、“分率术”等概念。所谓“合率术”，是除数为几个数（整数或分数）的除法，包括“少广术”及“凫雁类问题”；“分率术”则是传统的“鸡兔同笼”问题解法，还包括“其率术”、“反其率术”等。对盈不足章许多算术问题，贾宪都分别用“互换术”、“合率术”、“分率术”提出了新的解法。这些方法都以其数学特征命名，比《九章算术》等著作的名称更准确，更科学。贾宪是宋元数学高峰的主要奠基者和推动者，可以这样说，宋元数学的大多数成就都是在贾宪工作基础上发展起来的。

“业余数学家之王”费马

费马是17世纪最卓越的数学家之一，1601年8月20日出生在法国南部土鲁斯附近的博蒙——德洛马涅，父亲是一位皮革商。费马在大学专攻法律，毕业后担任职业律师，但他对数学有着极为浓厚的兴趣，即使在1631年当选为土鲁斯地方议会的议员之后，也从不间断对数学的研究。费马的业余数学研究的触角很广，他在数学的众多领域均有建树。他的名字几乎与数论是同义词，是西方数论的创始人之一，可以说他在数论方面的研究，远远在其同时代数学家之上，直到100年后“数学家的英雄”欧拉出现，才超越了这座傲视群雄的“高峰”。费马又同笛卡儿分享着创立解析几何的荣誉；他被公认是数学分析的先驱之一；他还和帕斯卡等一起开拓了概率论的新分支；他提出的“费马猜想”（现被刻在费马的墓碑上）曾被德国哥廷根科学院以10万马克、法国科学院两次以2 000法郎悬赏征解，轰动整个数学界，几百年来一代又一代的数学家关于“费马猜想”的研究，有力地推动了数学学科的发展；他享有“业余数学家之王”的盛誉。值得一提的是，费马在光学方面提出了著名的费马（最小光程）原理（几何中的费马点就是一个推论），其对应用数学以及物理学的贡献同样使他名垂青史。

费马勤奋好学，博览群书，思维敏捷，记忆力极强，通晓数国语言。他的数学成果大部分是写在笔记本上的空白处，并从未附有证明。直到 1665 年他去世后，也从未发表过论著。费马去世后，他的儿子从故纸堆、书页的空白处以及和友人来往的信件中，整理并编成《数学论著》正式出版。该论著共 2 卷，分别为《平面及空间位置理论的导言》和《求最大值和最小值的方法》。

从托勒密定理到建立三角学

初中平面几何中有个重要的定理:圆内接四边形两条对角线的乘积等于两组对边乘积之和。这个定理就是著名的托勒密定理。

托勒密(约公元85～165)是三角学的奠基人之一,生活在埃及亚历山大里亚这个当时的科学城里,其代表作是被奉为天文学金科玉律的《天文学大观》(又称《天文学的伟大数学结构》)13卷。托勒密在这本划时代的巨著中从"托勒密定理"推出了相当于"两角差的正弦"和"两角和的余弦"的关系式,由此得到了人类用数学方法得到的最早的三角函数表。托勒密的数学理论,把几何模型和数值计算融为一体,在现代西方数学的发展上迈出了极其重要的一步。更为难能可贵的是,托勒密第一个怀疑欧氏几何平行线公设的明显性并试图推证出它的正确性。虽然这一愿望未曾实现,但他的思想为后来非欧几何新分支的创立埋下了伏笔,其贡献不可磨灭。

托勒密长期进行天文观测，一生著述甚多。除了《天文学大观》(13卷)外，另一重要著作《地理学》(8卷)主要论述地球的形状、大小、经纬度的测定以及地图的投影方法，是古希腊有关数理地理知识的总结。书中附有27幅世界地图和26幅区域图，后人称之为托勒密地图。他制造了供测量经纬度用的类似于中国浑天仪的仪器和角距仪。他通过系统的天文观测，编有包括1 028颗恒星的位置表，测算出月球到地球的平均距离为地球直径的29.5倍(这个数值在古代是相当精确的)。此外，托勒密还著有《光学》(5卷)等。

一个伟大学者的论著，有时会对人类历史的发展产生不可思议的影响，这种影响是他在撰写其论著时绝对想象不到的。托勒密就是少数几个这样的伟大学者之一。现代学者的研究表明：哥伦布在开始他那改变人类历史的远航之前，至少曾细心阅读过5本书，其中之一就是托勒密的《地理学》，而其余4本与此不是同类著作，因此可知哥伦布的地理思想主要来自托勒密。哥伦布相信通过一条较短的渡海航线，就可以到达亚洲大陆的东海岸，结果他在他设想的亚洲东岸位置上发现了美洲新大陆——尽管他本人直到去世时仍认为他发现的正是托勒密地图上所绘的亚洲大陆。

全才数学家莱布尼兹

太极八卦图最早出现在我国古代居群经之首，三玄之冠，被称为我国古代科学文化遗产中最富有宏奥哲理的典籍《周易》之中。大家知道，电子计算机的发明源于二进制，二进制记数法的创立者是德国的全才数学家莱布尼兹，而莱布尼兹正是在中国古老的太极八卦图的启发下，触动灵感才一举成功的。他认为："这是十分有价值的，把计算交给机器去做，可以使优秀人才从繁重的计算中解脱出来。"

莱布尼兹(1646～1716)生于莱比锡。他 8 岁自学拉丁文，14 岁自学希腊文，15 岁进入当教授的父亲所在的莱比锡大学攻读法学，20 岁获法学博士学位。作为职业外交官，他把大部分的时间用在了外交事务上，还成了俄国彼得大帝的顾问。作为科学家，莱布尼兹的业余研究领域非常之广，包括哲学、数学、物理学、历史学、语言学、法学、生物学、机械学、地质学和神学，从他取得的成就来看，现在公认他是数学家、哲学家、语言学家、法学家、历史学家和先驱的地质学家。他的科学声誉主要体现在首任柏林科学院院长、英国皇家学会会员、巴黎科学院院士，他被后人尊称为“微积分学的奠基人之一”（另一位是牛顿）、“数理逻辑的创始人”。

需要指出的是，莱布尼兹还是一位引进数学术语和数学符号的大师。“微分学”、“积分学”的名称是他创立的，“函数”、“坐标”、“代数曲线”等数学名词是他起的，微积分中的符号“d”、“$\int$”是他首创的，他还引进了导数符号以及 n 阶微分符号，在代数上他引进了双下标以及对数函数的符号。这些术语和符号一直沿用至今，足以说明它们是方便而适用的，是能简练而准确地表达数学思维的。在这方面，莱布尼兹所创造的微积分符号，优于牛顿所使用的符号，对微积分的发展有着极大的影响。

莱布尼兹一生留给后人许多重要的科学著作，主要有《一种求极大值与极小值和切线的新方法，它适用于分式和无理量，以及这种新方法的奇妙类型的计算》、《潜在的几何与分析不可分和无限》及《单子论》、《人类理解力新论》、《关于形而上学》、《神正论》等。

神童数学家哈密尔顿

对于复数，每个高中生都知道这是实数的一种推广。那么，复数能继续推广吗？回答是肯定的，复数推广的结果是四元数，这已不属于中学数学的范畴了。四元数的发明者是爱尔兰数学家哈密尔顿。对于四元数的发现，英国人汤姆斯·修曾经这么说："牛顿的发现对于英国及人类的贡献超过所有英国的国王；我们无可置疑的1843年哈密尔顿的四元数的伟大数学的诞生，对于人类所带来的真正利益和维多利亚女皇朝代的任何大事件一样。"

在数学史上，诞生过诸多早熟的天才，哈密尔顿无疑是其中较为典型的一位。他1805年生于爱尔兰的都柏林，从小父母双亡，靠一位语言学家叔叔抚养，但他聪慧过人，3岁识字，4岁学算术，5岁能翻译拉丁文、希腊文和希伯来文，10岁学习阿拉伯文和梵文，12岁读完欧几里得的数学巨著《几何原本》，13岁研究牛顿和拉普拉斯这些大家的数学专著，14岁懂12

种语言(在这期间,他完全靠叔叔的传授和自学),16 岁时发现了拉普拉斯关于力的平行四边形法则的证明上的错误。18 岁那年,没有上过小学和中学的哈密尔顿再一次向世人昭示了他的智慧,一举考入都柏林大学的三一学院,四年中囊括了各种奖状,22 岁那年,尽管他还没有完成全部学业,就已被授予皇家天文学家的称号,并被聘为天文学教授。1835 年他 30 岁时,被授予爵位,以褒奖他在科学研究上的成就,此时,他已是英国皇家学会会员和法国科学院的院士。

哈密尔顿除了发现四元数外,还在微分方程理论与泛函分析上有所建树,其中以哈密尔顿算符、哈—奥—雅方程最为有名。在物理上,则以“哈密尔顿原理”、“哈密尔顿正则方程”和“哈密尔顿函数”驰名科坛。他一生的著作颇多,其中《四元数的讲义》、《四元数理论的基础》和《动力学的一般方法》被誉为“划时代的著作”。有意思的是,哈密尔顿还发明了一种被称为“环球旅行”的智力游戏,这种游戏一进入市场,便为人们所接受和喜爱,一时竟成为时尚。

然而,世上的事总不会永远美好,就在我们陶醉于哈密尔顿惊人的科学成就之时,这位天之骄子却离开了人世,年仅 60 岁。人们实在难以预料,如果他再多活 20 岁的话,他将为人类创造多少科学财富。唯一可以向这位科坛巨子告慰的是,他留给后人的宝贵科学遗产正不断造福于人类,人们永远怀念他。1943 年,爱尔兰政府为了纪念“四元数”这个伟大的发现,还特别发行了纪念哈密尔顿的邮票。

大器晚成的数学家

提到数学上的函数，不能不提魏尔斯特拉斯这位奠基人。

魏尔斯特拉斯(1815～1897)早年在德国的波恩大学学习法律，23 岁开始转学数学。青年时代的他并未显示出多少聪颖，1841 年大学毕业因没能完成博士学业而到中学当了一名高中教员，教的是与数学毫不相干的写作和体育。然而，对数学的爱好使他从未间断对数学的研究，他利用一切业余时间游览于数海之中，尽管他没有早慧的天才，却有刻苦钻研的精神。他经常彻夜研究，有时，甚至因埋头演算而忘了上课，被校长批评成了家常便饭。他知道自己没有“直觉的时光”，但是刻苦和异常的勤奋弥补了这一不足。俗话说得好：只要工夫深，铁棒磨成针。辛勤的耕耘带来了累累的硕果，魏尔斯特拉斯在数学分析、解析函数论、变分法、微分几何学和线性代数等方面取得了重要的成果。他是把严格的论证引进分析学的大师。他的批判精神对 19 世纪数学产生了很大影响。他在严格的逻辑基础上建立了实数理论，用单调有界序列来定义无理数，给出了数集的上下极限、极限点和连续函数等的严格定义，还在1861年构造了一个著名的处处不可微的连续函数，为分析学的算术化作出重要贡献。他完成了由柯西引进的用不等式描述的极限定义。他建立了解析函数的幂级数展开定理和多元解析函数基本理论，得到代数函数论及阿贝尔积分中的某些结果。他给出了带有参数的函数的变分结构，研究了变分问题的间断解。他研究了测地线和最小曲面。他建立了初等因子理论并用来化简矩阵。他的诸多成就使他能够脱颖而出，成为数学界一朵"迟放的鲜花"。成功和荣誉常常是双胞胎，魏尔斯特拉斯的成就使他在41岁那年被著名的柏林大学聘为讲师，8年后升为教授。他还是一位杰出的教育家，一生培养了大批有成就的数学人才，其中著名的有柯瓦列夫斯卡娅、施瓦兹、米塔—列夫勒、朔特基、富克斯等。

正是由于魏尔斯特拉斯及其同代人的工作，才使我们现在的数学分析成为一个有严密的逻辑体系的学科。从魏尔斯特拉斯成才的经历我们可以得到一个有益的启示：非智力因素的挖掘是通向成功大门的途径之一。

荣誉在他死后得到

17世纪的欧洲大陆，数学界正为五次方程的根式解问题而感到智穷力竭，因为这个悬而未决的问题已经困扰数学界整整200年了。令人不可思议的是这样一个超级数学难题，竟被一位年仅22岁的挪威青年阿贝尔解决了。

阿贝尔(1802～1829)生于挪威的一个乡村牧师家庭。15岁那年，在奥斯陆的一所教会学校学习的阿贝尔因为受一位叫霍姆伯的数学教师的影响，开始醉心于数学大师高斯、拉格朗日的著作。他腼腆、寡言却雄心勃勃，立志要攻克五次方程中顽固的堡垒，虽然同班同学不断地嘲讽，但他不为所动。霍姆伯作为老师，对他的行动予以鼓励和赞赏，经常推荐一些参考书让他自学，并预言阿贝尔将会成为世界上最伟大的数学家。这无疑给了阿贝尔以无限的自信和勇气。他以非凡的数学才能终于使这个困扰人类200多年的悬案得以圆满解决，阿贝尔时年22岁。遗憾的是阿贝尔的工作并未引起人们的注意,直到他结识了一位叫克雷尔的工程师,才改变了境遇。这位虽然看不懂阿贝尔的论文,却折服于阿贝尔才华的工程师,破例在其创办的杂志上一下子刊登了阿贝尔的22篇开拓性论文,其中包括他在椭圆函数论方面的卓越成果,从而使阿贝尔名声大振。举世闻名的柏林大学决定破格聘任年仅27岁的阿贝尔为数学教授,但这时阿贝尔已离开了人间。一年后,法国科学院又把巴黎奖授予了早已去世的阿贝尔。

阿贝尔在数学上作出了具有划时代意义的贡献,法国著名数学家埃米尔特说过这样一句话:"阿贝尔留下的东西足够数学家忙碌150年。"确实,现在的数学家们仍然忙碌于阿贝尔开辟的各个领域之中。我们看到,数学领域里的许多概念、公式、定理都与阿贝尔联系在一起,以阿贝尔名字命名的数学名词多达20余个,如阿贝尔变换、阿贝尔积分、阿贝尔群、阿贝尔级数、阿贝尔部分和公式、阿贝尔判别法等。

为了纪念阿贝尔和发展数学事业,在他200周年诞辰之际,挪威首相托尔滕贝格宣布设立2亿挪威克郎(约2 300万美元)的"阿贝尔纪念基金"。这个国际性的奖项将颁发给那些在数学领域作出杰出贡献的数学家。在挪威首都的皇家公园里,耸立着阿贝尔的纪念碑,脚下压着象征"死亡"和"忘却"的两个雕塑,分别代表五次方程和椭圆函数。

“代数学之父”韦达

韦达定理是初中代数中的一个重要定理，它揭示了一元二次方程中根与系数的关系，此定理的前面冠之以“韦达”，是因为这个定理是16世纪法国人韦达发现的。

韦达(1540～1603)生于法国东部普瓦图的韦特奈，卒于巴黎。他早年学习法律，成了一位律师，27岁时担任法国议会的议员。在政治生涯的间歇，韦达潜心于卡丹、塔塔利亚、庞贝利、斯蒂汶和丢番图的著作。他从这些名家特别是丢番图那里，获得了使用字母表示数的想法。韦达是第一个有意识地、系统地使用字母的人，他不仅用字母表示未知量和未知量的乘幂，而且用来表示一般的系数。是他确定了符号代数的原理和方法，使当时的代数学系统化，并把代数学作为解析的方法使用，因此有“代数学之父”之称。

韦达一生只活了63岁，但却写下了不少数学论著，主要有《分析方法入门》(1591年)、《数学典则》(1579年)、《论方程的检查与修订》(1593 年)、《应用于三角形的数学定律》(1579 年)等。韦达的著作以独特的形式包含了文艺复兴时期的全部数学内容。当然,他成果的精彩之处还是在代数方面,例如,他用 $x=y+k$ 消去方程的第二个未知项;用 $x=\frac{y}{k}$ 消去含有 x 的项;用 $x=ky$ 约去方程的分数系数;用 $x=\frac{a}{b}y$ 使 x 的 $n-1$ 次项的系数配上给定的值等等。

历史上流传过一则有关韦达的趣事。说是有一次,荷兰派到法国的一位使者给法国国王带去一个消息,比利时的数学家罗门提出一个 45 次的方程向各国数学家挑战。国王便把这个问题交给了韦达,韦达当即得出一个解,回家后一鼓作气,很快得出了另外 22 个解,答案公布,震惊了数学界。这还不算,韦达又回敬了罗门一个问题,即"求作一个圆与已知的三个圆相切",罗门一时不得解,苦思冥想数日才用圆锥曲线把它解出,而韦达则用严格的尺规作图法轻而易举地作了出来,其精湛的数学造诣由此可见一斑。由于此问题原出于古希腊大数学家阿波罗尼斯,而解法业已失传,故又有人把韦达誉为"法国的阿波罗尼斯"。

顺便指出,韦达的文字深奥难懂,在当时未曾得到应有的传播,死后才由数学家斯寇唐等人整理出版,其中发现,韦达还给出了无穷级数的求和公式,他列的三角函数表和我们今天中学所用的三角函数表相差无几。此外,他还设计并改进了历法。从某种意义上来说,韦达的"代数是发现数学真理的特设步骤"是有相当道理的。

天才的大师　伟大的杰作

高中平面解析几何课本中有一章《圆锥曲线》，其理论奠基者当推享有"古希腊三大数学家之一"美誉的阿波罗尼。

阿波罗尼（约公元前 260～公元前 170 年）生于古希腊的佩尔格，是与欧几里得、阿基米德共享"亚历山大前期三大数学家"美誉的杰出数学大师，他比阿基米德小 25 岁，早年在欧几里得的门人那里学习数学，其代表作是被人称为"古希腊几何学的登峰造极之作"的《圆锥曲线论》8 卷，这是一部与《几何原本》一样经过严格演绎的数学论著。在这部划时代的著作中，圆锥曲线的性质达到了几乎网罗殆尽的地步。阿波罗尼在阿基米德采用"抛物线"一词的基础上，进一步引进了"椭圆"和"双曲线"的名称，并比较了三者的异同，这在当时实在是令人惊叹不已。阿波罗尼的《圆锥曲线论》除了综合前人的成就之外，还含有非常独到的创见材料，而且写得巧妙、灵活，组织得很出色，按成就来说，它是这样一个巍然屹立的丰碑，以至后代学者至少从几何上几乎不能再对这个问题有新的发言权。直到17世纪的笛卡儿和帕斯卡，圆锥曲线的理论才有所突破。以后便向着两个方向发展，一是笛卡儿的解析几何，二是射影几何，两者几乎是同时出现的。

此外，除了《圆锥曲线论》外，阿波罗尼还有其他一些有价值的著作，如《论接触》、《平面轨迹》、《12面体与20面体对比》、《倾斜》等。其著名的“阿波罗尼问题”即：任给三点、三线或三圆，或三者的任意组合，求作一圆过给定的点并切于所给直线或圆。许多数学家，包括韦达和牛顿都给出过这个问题的解，此问题至今仍为广大数学爱好者津津乐道，其影响之深令人叹为观止。

数学界的骄傲卡瓦列利

在高中立体几何中，有一条重要的原理：两个底面在同一平面上的物体，如果它们的高相等，那么用平行于底面的任意平面去截，如截面积总相等，则这两物体的体积相等。这就是著名的“卡瓦列利原理”（即祖暅原理）。

卡瓦列利（1598～1647）出生于意大利米兰的一个名门望族，良好的家庭环境，使他从小就有机会阅读许多科学书籍。他折服于几何学的严谨，爱上了数学这门学科，并成了大科学家伽利略的学生。卡瓦列利的成长是比较顺利的，读完小学、中学后直接进了大学，大学毕业后因成绩优异留校任教。1629 年，大科学家伽俐略向波伦亚大学推荐卡瓦列利为数学教授。伽利略在信中说：“自从阿基米德以来，很少有人能够像卡瓦列利那样把几何学钻研得如此深远。”与此同时，卡瓦列利又将自己的《几何学》手稿和一本《论圆锥曲线及其在光学上的应用》的小册子呈送给主选官，以证明自己能够胜任此职。果然不出所料,在众多申请求职者中,卡瓦列利在波伦亚大学首先被任命为教授。在几何学领域,受到伽利略的影响,他逐步建立起自己的方法体系,重要的“不可分原理”堪称范例。这个方法认为,线是由无穷多个点构成的,面是由无穷多条线构成的,体则是由无穷多个面构成的。点、线、面分别就是线、面、体的不可分量。卡瓦列利通过比较两个平面或立体图形的不可分量之间的关系来获得这两个平面或立体图形的面积或体积之间的关系。在他仅 49 年的数学生涯中,他为后人留下了《六种几何探讨》、《连续不可分几何》等 11 部著作,在数学史上写下了光辉的一页,正如数学史家史密斯所说:“仅从数学角度来看,17 世纪对科学影响最大的意大利数学家就是卡瓦列利。”

现代的阿波罗尼——史坦纳

也许我们的中学生都会想，要想做一个了不起的数学家，大概非得很早起步，从孩提时代就开始努力。然而，史坦纳(1796～1863)这位“现代的阿波罗尼”，也可以说这位现代几乎最伟大的几何学家，却在他的同龄人已经准备进入大学的时候才开始识字。他是瑞士伯尔尼州的一个农家弟子，排行老五，整个童年时代是在田里干活度过的。14 岁才学会了读书写字，从中他知道了科学的迷人之处，可惜的是他掌握的知识太少，许多疑问常常萦绕着他却又无法解开，只能一个人在夜晚没有农活的时候，凝望着星空苦苦沉思。到了 18 岁，求学心切的他终于违背父母的意愿，只身来到伊韦尔东，在爱才若渴而又乐于助人的著名教育家斐斯塔洛齐开办的学校里当了一名免费学生。他果然不负厚望，显示出非凡的数学才能。在数学课上，往往是教师刚提完一个问题，他就已经解出来了，而且用的是最巧妙的方法。他孜孜不倦地钻研各种最难的题目，到了废寝忘食的地步，他的一则日记中记载了解决一个题目的情形，从中可以窥见一斑。他写道："1814 年 12 月 10 日，星期六，思考 3＋3＋4 小时，凌晨一时得解。"

一年半后，史坦纳来到海德堡大学，一面学习数学，一面做家庭教师维持生计。之后他去了柏林，试图在那里当一名教师，遗憾的是当时的学校聘请教师必须通过所有的考试，而史坦纳又拒绝参加拉丁文和历史的考试，以至于他只能重新靠当家庭教师为生，此时他 26 岁。而这段时间也正是他的数学生涯中成果最丰盛的时期之一。1824 年，他发现了称为反演几何的几何变换，尽管没有发表，但已为其成为职业数学家奠定了基础。好在没过多少时候，著名的《克雷尔数学杂志》发表了他的其他几何发现，其出色而丰富的研究成果令世人瞩目，让数学界震惊。从此，史坦纳开始在几何学领域取得累累硕果。1932 年，史坦纳既获得了哥尼斯堡大学的名誉博士学位，又被柏林大学聘为名誉教授；1933 年，史坦纳被普鲁士国王钦定为王室教授，并当选柏林科学院院士。

史坦纳活了 67 岁，在自己的故乡伯尔尼州去世。他为人类留下了珍贵的科学著作《几何形的相互依存性的系统发展》。有名的史坦纳序列问题吸引了大批的数学家，极大地推动了数学的发展。至于史坦纳曲面、史坦纳定理、彭色列一史坦纳定理则是他那叹为观止的《全集》(2 卷)中的几个重要发现而已。如此众多的成就，使他享有"阿波罗尼以后最伟大的几何学家"之称，凭借他的科学成就，他是当之无愧的。

天才的悲哀

康托尔1845年生于俄国彼得堡一个丹麦裔家庭,1856年以后定居德国的法兰克福,他一生中的大部分时间都是在德国度过的。可能是由于家庭成员的宗教信仰比较复杂(父亲信犹太教,后改信基督教,母亲信天主教),康托尔对中世纪的哲学和神学,尤其是对有关连续和无穷的问题特别感兴趣。他先后在苏黎世、哥廷根和柏林大学学习哲学、物理学和数学,1867年获博士学位,并任哈雷大学兼职讲师,1879~1905年任该校教授。

康托尔的成名作发表于1874年,当时有名的《克雷尔数学杂志》发表了他的第一篇关于集合论的论文,在这篇论文中,他证明了代数集合可以和整数集一一对应,提出了无限集的势、序列等概念,建立了无限集论和超限数理论,证明了所有实数集的不可数性。他发展了无限集势的比较原理,证明了线段诸点与n测量流形诸点的集的等势性。利用集势的原理，他又证明了超越数的存在，引入了导数及极限点的概念，发展了无理数的理论，提出了连续性公理，取得了三角级数唯一性问题的成果。此外，他还利用初等数列建立了实数的理论。然而，康托尔这篇具有划时代意义的论文一发表，就遭到了劫难。舆论普遍持怀疑态度，更甚者还有像克朗涅克那样功成名就又嘴不饶人的数学家的攻击，原因是康托尔的新颖的关于无穷的思想与当时学术界对实无穷集合的对立情绪格格不入。尽管如此，康托尔并不气馁，仍然继续这种“新颖”的研究，又写出了《关于超穷混合理论的论证》一书（共 2 卷），他在书中提出了关于无限集、无穷基数、无穷序列的理论，为数学分析奠定了基础，为现代数学的结构理论开辟了道路，以至本世纪最杰出的数学家之一希尔伯特在 1926 年盛赞其成果为“数学思想最惊人的创造，人类在纯智力领域的活动的最美的成果之一”。

可惜的是，这郑重的褒扬对于康托尔来得太晚了，势单力薄的康托尔在人们的讽刺、挖苦、嘲弄中度日如年，自己那新颖的学术思想不为人们所接受的痛苦时刻缠绕着他。1914 年，康托尔患上了严重的精神忧郁症，以后又多次发作，4 年后便在精神病院里与世长辞。一个数学天才就这样被毁灭了！但真理是毁灭不了的，康托尔留下的宝贵科学遗产已成为今天的人们改造大自然的思想武器。

斐波那契和他的“算盘书”

公元1100年左右，欧洲大陆开始走出了思想一律、教条主义、神秘主义和迷信权威的科学黑暗时期。斐波那契的《算盘书》问世，成为13世纪数学界的大事，东方的算法思想逐渐在欧洲生根开花。

斐波那契是欧洲早期数学的主要代表，其真名叫伦纳德(约1170～1250)，斐波那契是他的绰号。斐波那契生于意大利的商业城市比萨，父亲是个商人。在父亲的影响下，他从小就对商业算术十分感兴趣，早年曾到北非接受教育，在欧洲和小亚细亚游历甚广并由此接触到大量的数学知识。1202年，他回意大利后不久便发表了名著《算盘书》，后来又写出了《实用几何》、《象限仪书》和《数学花絮》。他的最大贡献在于适应工商业发展的需要，适时地把古希腊和阿拉伯先进的数学知识传播到欧洲。在《数学花絮》一书中，他证明了三次方程 $x^3+2x^2+10x=20$ 的根不能用尺规作图得到，从而第一次使数系中的数超出了希腊人用尺规工具所限定的范围，即证明了在欧氏几何中对无理量的分类问题，他求出的解，准确值达10位之多。此外，斐波那契在他的《实用几何》中，广泛收集了有关几何及三角的问题，书中的论证巧妙、严格且匠心独具。在他的这部著作中运用了欧几里得和希腊其他作者的作品，阐明的问题有平面上直线图形的面积、圆的度量、多边形、球和圆柱。斐波那契的所有著作犹如欧洲中世纪数学荒原上横空出世的山峰，是当时其他学者望尘莫及的。

斐波那契于1202年综合阿拉伯和希腊资料写成的《算盘书》是中世纪最有影响的数学著作，成为欧洲各民族通用的"百科全书"，被当做教材使用了近200年，它对后几个世纪欧洲数学的发展起着十分重要的作用。这里的"算盘书"不是我国的算盘，而是指计算用的沙盘。《算盘书》的原文是Liber-Abaci，abaus直译为"算盘"，它源自希腊文αβαξ。

《算盘书》共15章，前7章为十进制的整数及分数计算；8～11章为各种适合商业用的合股、兑换、折扣、复利等计算问题；12～13章为求一次方程的整数解问题，其中第13章给出有名的试位法，相当于我国古代数学名著《九章算术》中的"盈不足术"；第14章为求平方根与立方根的法则，使用了表为"$a\pm\sqrt{b}$"的形式的方法；第15章为几何度量和代数问题。

《算盘书》的最大作用是向欧洲介绍了使用印度—阿拉伯数码的计算方法。在这部著作里，斐波那契第一个在欧洲开始应用代数解几何问题，他把算术、代数、几何三者之间的关系理解为"彼此帮助"。同时，《算盘书》所介绍的笔算方法，在取代真正的"算盘"算法过程中起到了关键作用，它改变了欧洲数学的面貌，功不可没。现存的《算盘书》是1228年的手抄本。

彼得堡学派的创始人

19世纪的俄国，曾出现过罗巴切夫斯基这样杰出的数学家，也有过以切比雪夫(1821～1894)为首的彼得堡学派，他们都在数学史上占有相当地位。

切比雪夫1821年出生于俄国中部卡罗加省奥卡多沃村的贵族家庭。11岁那年全家迁居莫斯科，使他有了良好的学习环境，16岁即考入著名的莫斯科大学，专攻数学物理。在大学期间，他勤奋刻苦，虚心好学，以论文《方程根的计算》获塞勒勃良奖章。4年的大学学习奠定了他坚实的数学基础，他一鼓作气，考取了硕士研究生并开始钻研概率论。3年后通过硕士论文《概率论基本分析的经验》的答辩，之后又以博士论文《比较理论》获彼得堡科学院的杰米多夫奖。1847年受聘在彼得堡大学任教，开始了他的职业数学家生涯。

切比雪夫一生发表过70多篇科学论文，出版过4部专著，内容涉及数学的各个领域，但最为重要的还是发明了切比雪夫大数定律，得出了著名的切比雪夫不等式，这是19世纪中叶概率论的最重要成果之一。他以其出色的成就被选为彼得堡科学院院士，英国皇家学会会员，法国科学院、柏林科学院、瑞士科学院的院士。在他的影响下，一批批数学精英脱颖而出，逐渐形成了历史上有名的彼得堡学派，其中以弟子李雅普诺夫和马尔柯夫最为突出。前者以开拓微分方程稳定性理论的研究方向著称于世；后者则以马尔柯夫过程名扬世界。此外，在函数论上贡献突出并发展了线性规划理论的诺贝尔经济学奖获得者康托洛维奇等人，也属于该学派的中坚人物。

瑞典数学的又一骄傲

18世纪的瑞典，出现过欧拉这样举世闻名的大数学家。冷寂了一个世纪后的瑞典数坛，又出现了一位骄子，那就是米塔·列夫勒。

列夫勒(1846～1927)是位早慧的数学天才，32岁就担任了赫尔辛基大学的数学教授，2年后任著名的斯德哥尔摩大学数学教授。在这座国际知名的高等学府，他如鱼得水，创办了国际性的数学杂志《数学学报》，极大地推进了斯堪的那维亚数学学派的发展。在《数学学报》这块学术沃土里，列夫勒一干就是45年，在那里，他发现了数学女英才，苏联的柯瓦列夫斯卡娅，并破格聘她为斯德哥尔摩大学的数学教授。同时，他还聘请了一大批像弗莱德霍姆那样的著名数学家为《数学学报》撰稿，保证了杂志的质量和声誉，使瑞典一时成为数学人才的荟萃之地。

就列夫勒本人对数学的贡献而言，主要在数学分析上。

在函数论方面,《论单值函数的解析表示》是其代表作,书中有著名的米塔—列夫勒定理。他还专门建立了一个数学图书馆,现在是瑞典有名的米塔—列夫勒数学研究所的一部分。关于列夫勒,还有一段有趣的传说。与列夫勒同时代的化学家诺贝尔,也是瑞典家喻户晓的人物,不知何种原因,两个不同领域的杰出科学家竟长期不和,以至于诺贝尔在设立科学奖时,故意不设诺贝尔数学奖,原因是怕设立了数学奖,第一次就极有可能为列夫勒所得,这自然只是传说,不足为真。但如果真有这样的事,那么文人相轻看来是古今中外均有的积习了。

隋代杰出的数学家刘焯

隋朝是我国数学发展的一个低峰时期。在隋朝寥寥无几的数学家中，河北的刘焯可谓佼佼者。

刘焯（公元544～610），字士元，信都昌亭（今河北省东南部）人，他好学深思，《北史》赞他“望高视远，聪明沉深，弱不好弄”，他把全部精力放在钻研天文数学上。他与当时的另一位数学家刘炫同受《诗》于刘轨思，受《左传》于郭懋，问《礼》于熊安生，时称“二刘”。他“好学不倦，《九章算术》、《周髀》七曜历书十余部，推步日月之经，量度山海之术，莫不核其根本，穷其奥秘，著《稽极》十卷、《历书》十卷行于世”，被后人赞誉为数百年最博学者。清朝的马国翰在《玉函山房辑佚书》专门辑有《尚书刘氏义疏》一卷，介绍其成果。

刘焯在数学上最伟大的贡献是于公元600年完成了优秀的历法《皇极历》，在这部伟大的历法中，他首次应用了等间距二次内插法，这无论是在天文学史上还是在数学史上都是极有影响的。后刘焯六十余年的大算学家李淳风曾高度评价这一算法“微密至当，以示算理通涂(途)”。在国外，发现这一成果的，如印度的婆罗门及多、阿富汗的阿尔毕鲁尼等人，均晚于刘焯。

我国清代蒙古族数学家明安图

明安图，字静庵，蒙古正白族人，大约生于1692年，卒于1763年。约在1710年前后被选入清政府的钦天监（相当于现在的天文台）学习天文和数学等自然科学，后不久，参加了《律历渊源》的编写工作，担任考测。1737～1742年参加汇编《历象考成后编》的工作。1755年和1759年先后两次入疆测绘地图，1759年任天监监正至终，其数学上的杰出成就是撰成《割圆密率捷法》专著，共4卷。

《割圆密率捷法》是一部研究幂级数展开式的著作，其主要贡献是把《数理精蕴》中的“由本弧通弦求三分之一的弧通弦”的方法推广到了无穷的情形。此外，他用弧的内接折线去逼近弧长，与现在常用的定义弧长的方法完全一致，对于其后的级数理论研究起了很大的推动作用。明安图的工作，与欧洲大陆学者的同类工作相比是有发现和创新的，他的工作在中国数学史上占有一席之地。他的割圆术被清代学者誉为

“明氏新法”，是“弧矢不祧之宗”。日本数学史家三上义夫和英国科技史家李约瑟都曾对他作过很高的评价。

明安图的数学成就，在中国数学史上产生了巨大的影响。明安图在研究工作中运用了严密的逻辑推理，思路清晰，方法严谨，在中国古代数学史上是罕见的。他一共提出了 9 个基本方程，列出三角函数和反三角函数的幂级数表达式，并且计算出展开式的各项系数，为三角函数和反三角函数的解析研究开辟了新的途径；他为 19 世纪初我国著名数学家项名达的以割圆连比例求椭圆周长法提供了前行思想；他的数学方法也被广泛地运用到天文推步和地理测绘方面，对我国天文学、地理测绘学的发展起到了一定推动作用。

在这里特别需要指出的是，作为少数民族出身的科学家明安图，若非时代冲破了民族地区的政治、经济上的闭塞，他势将被排斥在科学研究队伍之外。因此，时代所给予他的种种条件和机遇，毫无疑义，是他所以能够成长为一名杰出科学家的重要客观因素。

积跬步　至千里

巍巍华夏，科学英才群星璀璨。江苏吴江的王锡阐在洒满阳光而又布满荆棘的自学道路上刻苦钻研，勤奋努力，终成大家。他以卓越的成就使自己的名字被镌刻在科学历史的丰碑上，他那“路漫漫其修远兮，吾将上下而求索”的探索精神永远激励着后人奋发向上。

翻开中国数学的史册，王锡阐的名字赫然在目，上面记载着：王锡阐(公元1628～1682)，字寅旭，号晓庵，江苏吴江人。他是一位卓越的天文学家。由于古代数学和天文学密不可分，因此，说王锡阐是一位杰出的数学天文学家更贴切些。

据资料查证，王锡阐系吴江震泽镇人。他家境贫寒，但勤奋好学，少年时便对数学、天文和音韵产生了浓厚的兴趣，早年的科学兴趣奠定了他的科学生涯基础。王锡阐自幼嗜学，11岁以后，“闭户绝人事者二十年所”。其“诗文峭劲有奇气”，“尤精历象之学”。他数十年勤奋治学不辍，以观测勤勉著称。

他勇敢地摈弃科举，长期致力于数学天文学的研究。他的治学态度严肃认真，为掌握第一手资料，不惜时间，忍受夏天的蚊虫叮咬、冬天的刺骨寒风，数十年如一日，坚持观测星象。35 岁时，王锡阐完成了名著《晓庵新法》。在数学上，他写出了中国人最早自著的平面三角学之一的《圜解》一卷及《筹算》一卷，创造了中国数学史上的又一个"之最"。

博采众长，独立思考是王锡阐成功的要诀。《晓庵新法》就是他应用当时刚传入中国的球面三角知识写成的，他在书中提出的水星凌日的计算方法为世界首创。他自创的预测日月蚀的方法精确度甚高，受到人们的普遍重视。他"考古法之误而存其是，择西法之长而去其短"，借助数种"割圜"和"勾股"的测量方法，创造了兼中西之长，又自有发明的新历法。他关于复圆方位角的计算方法及对行星运动轨道的解释均有独到的见解，理论上也是站得住脚的。

成才的道路有很多条，自学无疑是一条坎坷但却能径通罗马之路，王锡阐的事迹正好说明了这一点。他的科学成就也为后世所瞩目和敬仰。吴江人民为之建造的墓园和祠堂迄今仍保留于震泽中学内。苏州碑刻博物馆专门辟有"王锡阐纪念室"，以弘扬他矢志不渝献身科学的精神。著名思想家、学者顾炎武称"学究天人，确乎不拔，吾不如王寅旭"，给王锡阐以高度评价。"锡阐天问学贯东西，晓庵新法书传古今。"这是中科院路甬祥院长的题辞，概括了王锡阐一生主要的成就和深远的影响。

中国现代数学的拓荒人姜立夫

“他对中国现代数学事业，功劳重大，影响至深，没有他，中国数学面貌将会是另一个样子。”这是一代数学大师苏步青对姜立夫的评价。确实，姜立夫一生对数学孜孜以求，在科研和教学等方面成绩卓著，堪称现代数学在中国最早且最富成效的播种人。

姜立夫，原名姜蒋佐，1890 年生于浙江省平阳县麟头村（今属苍南县）一个知识分子家庭。他 6 岁丧父，10 岁丧母，由哥嫂抚养长大。也许是从小失去双亲的缘故，姜立夫异常懂事，读书格外勤奋，1911 年考取庚子赔款留美预备生，留学于康奈尔大学，1919 年获哈佛大学的数学博士学位，同年回国。

1920 年，姜立夫受聘于南开大学，创办数学系。其时，改名为姜立夫，取“三十而立”之意。他用在美国 9 年中学到的知识悉心为祖国培育人才，他学识渊博，讲课声音宏亮，要言不繁，听他上课是一种享受。由于接受了严格全面的训练，他的学生中涌现出一批数学家，如江泽涵、陈省身、吴大任、孙大旺等。

姜立夫先后在南开大学、厦门大学、浙江大学、西南联大、岭南大学、中山大学等著名高等学府任教，他还在当时的世界数学中心——德国哥廷根大学、后来的世界数学中心——美国普林斯顿高等研究院分别做过3年访问学者。1940年，在昆明的数学工作者发起成立了“新中国数学会”，姜立夫被推选为会长，陈省身为文书，华罗庚为会计，理事有陈建功、江泽涵、苏步青等知名数学家。1945年，中央研究院数学所宣告成立，姜立夫以其渊博的学识、正直谦虚的人品成了众望所归的所长人选。在他的领导下，中国的数学学术研究一度冲出国门，走向世界，诚如他向中研院的报告所说的“这些论文对于所研究之问题，俱能创立崭新之方法，探得珍贵的结果”。

解放前夕，姜立夫奉电令把数学研究所的图书装箱运到台湾，随后一家也迁往台湾。1949年夏，江泽涵由欧洲返国途中滞留香港，抽空赴台湾看望姜立夫，见姜晚间紧闭窗门，收听北京广播，足见其身居台湾，心向大陆。那时在天津的吴大任也给姜写信，并附上他的两个孩子给姜的两个孩子的一幅画，画面上一艘海轮正靠岸，轮船上有两个孩子，岸上也有两个招手欢迎的孩子。姜立夫见后热烈响应，回信赞赏，并毅然决然地设法摆脱羁绊，赶在广州解放前回到了祖国。

1978年，姜立夫在看到了“十年动乱”的结束，祖国前途重见光明的前景后，带着安详的微笑闭上了睿智的双目，终年88岁。

姜立夫教子有方，他的儿子姜伯驹师从江泽涵教授，44岁便当选为中科院学部委员（现称院士），48岁当选为第三世界科学院院士，其“姜伯驹群”令世人瞩目，是我国走向世界的为数不多的几位出类拔萃的数学家之一。联想到古代数学世家祖冲之父子，那么与之相互辉映的姜立夫父子则是当代的数学世家，这也是我国数学界的一段佳话。

首获博士学位的中国数学家

1915年1月，中国历史上第一本综合性的现代科学普及杂志《科学》在美国的绮色佳城纽约问世了，在《科学》的头3卷中，一个引人注目的名字"胡明复"竟然出现了47次，人们在惊叹之余不禁打听起胡明复何许人也，原来他是哈佛大学研究院正在攻读博士学位年仅24岁的年轻人。两年后，胡明复的博士论文《平直微积分方程论》通过答辩，并很快被发表在《美国数学学报》上。胡明复因此成为第一位走出国门获得博士学位的中国数学家。

胡明复，江苏无锡人，1891年5月生于江苏省桃源县(现泗阳县)，父亲是一个开明绅士。他从小爱好读书，小学就读于上海南洋公学小学部，14岁考入上海商业学校，毕业后又进入了南京高等商业学堂。1910年考取了清华大学第2期留美官费生，踏上了异国他乡的土地，在美国康奈尔大学攻读哲学，4年后以优异的成绩获得了文学学士学位，随即进入哈佛大学专攻数学，毕业后回到祖国，任职于大同大学数学系，同时在南洋公学（今上海交通大学）、东南大学兼课，一方面从事科学研究，一方面培养新人。1927 年 6 月 12 日，胡明复返回无锡家乡，不幸为游泳消暑竟淹死在横河，英才早逝，举国悲哀。中国科学社为他举行了“社葬”，墓地择于西湖烟霞洞山坡上，蔡元培先生亲自题写碑文。1931 年，中国科学社新社址落成，设立“明复图书馆”（今卢湾区图书馆）以示纪念。1999 年 5 月，中央电视台拍摄并播放了专题片《走进科学》，对他的一生进行重新回顾。

顺便提及，胡明复的哥哥胡敦复也是一位数学家，是第一任中国数学会主席；胡明复的弟弟胡刚复是著名物理学家，曾任职于南开大学物理系。胡氏三兄弟献身科学的事迹一时在科坛被传为佳话。

中国现代计算数学研究的开拓者冯康

“中国近代数学能够超越西方或与之并驾齐驱的主要原因有三个，当然我不是说其他工作不存在，主要是讲能够在数学历史上很出名的有三个：一个是陈省身教授在示性类方面的工作，一个是华罗庚在多复变函数方面的工作，一个是冯康在有限元计算方面的工作。”（菲尔兹奖得主、中国科学院外籍院士丘成桐语）

冯康（1920～1993）生于江苏省南京市，原籍浙江绍兴，少年时代家居江苏省苏州市。1926 年至 1937 年冯康先后在江苏省立苏州中学所属实验小学、初中部及高中部就读，成绩一贯优异。1939 年春季他以同等学历考入福建协和学院数理系学习，1939 年秋季重新考入重庆中央大学电机工程系学习，两年后转物理系，1944 年毕业。毕业后他的科学方向转为数学。1945 年，他到重庆及上海复旦大学担任数学物理系助教，1946 年到清华大学，任物理系助教，1951 年转任数学系助教。冯康

1951年调到中国科学院数学研究所，担任助理研究员，1951～1953年在苏联斯捷克洛夫数学研究所进修，这一时期中他曾先后受教于当代知名而风格各异的数学家陈省身、华罗庚和苏联的庞特里亚金等。1957～1978年，冯康在中国科学院计算技术研究所任副研究员、研究员，负责科学与工程计算及计算数学的学术指导工作，他的科研方向转为应用数学与计算数学，1980年当选为中国科学院院士，同年起任国务院学位委员会委员。

冯康先后获得1978年全国科学大会重大成果奖、全国自然科学奖二等奖、科学院自然科学奖一等奖及全国科技进步二等奖。特别是冯康独立于西方创造了有限元法，并先于西方建立了严密的理论基础。冯康创立的有限元法是当代计算数学的一项重大成就，得到国际上的公认和重视，并被1978年全国科学大会评为重大成果。1981年法国著名科学家、前国际数学会理事长利翁教授曾说："有限元方法意义重大，中国学者在对外隔绝的环境下独立创造了有限元，在世界上是最早之列。今天这一贡献已为全人类所共享。"这是同行专家对有限元方法本身，以及对冯康作为创始人之一的功绩的恰当评价。

冯康是一位杰出的科学家，他的科学事业和他的人品密切相关。在他的学生眼里，他是循循善诱、不畏艰辛带领他们攀登科学高峰的好导师；在他同事眼中，他是具有战略眼光同时能够实战的优秀学科带头人。熟悉他的人都知道，他工作起来废寝忘食，是一心扑在科学研究上的人。他又是个"悍然独立，毫无畏怯，刚正不阿"的人。冯康的一生所体现的是"独立之精神，自由之思想"，恰恰是科学创新中需要提倡的。

西方数学的传播者徐光启

我国古代的《九章算术》和古希腊的《几何原本》是古代东西方两种数学体系的代表。明朝末年,《几何原本》被翻译到中国,极大地影响了中国原有的数学学习和研究习惯,成为中国数学史上的一件大事。其中,大学士徐光启功不可没,他为传播西方数学作出了巨大的贡献。

徐光启(1562～1633),字子先,上海人。曾任文渊阁大学士,他知识渊博,通晓天文、历法、算学、测量、物理等自然科学学科。自结识意大利传教士利玛窦后,他深感西方科技之精妙,在他的建议下,利玛窦决定翻译《几何原本》,在他看来,"中国人最喜欢的莫过于关于欧几里得的《几何原本》一书。原因或许是没有人比中国人更重视数学了,虽则他们的教学方法与我们的不同;他们提出了各种各样的命题,却都没有证明。这样一种体系的结果是任何人都可以在数学上随意驰骋自己最狂诞的想象力而不必提供确切的证明。欧几里得则与之相反，其中承认某种不同的东西；亦即，命题是依序提出的，而且如此确切地加以证明，即使最固执的人也无法否认它们。”于是，由利玛窦口译，徐光启执笔，每天翻译三四个小时，经过反复订正，在不到一年的时间里，终于在1607年的春天把《几何原本》的前6卷合译完成(后9卷由清朝时期的数学家李善兰与英国人伟烈亚力合作翻译)并在北京出版。对此徐、利合译的书，梁启超曾评价它为“字字精金美玉，是千古不朽的著作”。

徐、利合译的《几何原本》，不仅打开了中西方学术交流的门户，而且在译本中创造了许多数学概念，如点、线、面、平面、曲线、曲面、直角、锐角、平行线、对角线、三角形、四边形、多边形等，这些概念一直使用到今天。不仅如此，它一改中国古代数学书籍编写方式，引入了公理化方法，使用了证明等，这对当时的中国数学界产生了巨大的影响。

徐光启翻译《几何原本》介绍西方数学的创举，使我国古代数学在原有的基础上获得了发展和提高。他认为，数学在历法、水利、测量、音乐、国防、建筑、财政、机械、地图、医学、统计等方面都有应用。徐光启除了有众多的翻译著作外，还著有《测量法义》一书，这是西方几何学、三角学和测量学首次在我国的传播。他不仅治学严谨，而且还注重总结实践经验并不断地吸收西方数学的精髓，为中国近代数学的发展起到了积极的推动作用。

1982年适逢徐光启诞辰320周年，上海市人民政府重修徐光启墓，并辟为光启公园。墓侧有徐光启《刻几何原本序》手迹的碑廊，由数学家苏步青教授手书“明徐光启墓”的墓碑，徐光启头像立于墓前，供人凭吊。

中国古算史现代研究的“南钱北李”

中国传统数学是一座丰富的宝库，在中国数学史研究的领域里，有“南钱北李”之说，这里的“南钱北李”指的是钱宝琮和李俨。

钱宝琮(1892～1974)，浙江嘉兴市人。1908 年考取官费留学生，就学于英国伯明翰大学土木工程系、曼彻斯特工学院建筑系，1912 年回国，先后任教于南开大学、浙江大学等，曾参加筹办浙江大学并担任数学系首任主任，在我国教育界、数学界拥有较高声望，数学大师陈省身，著名数学家江泽涵、吴大任等都是他的学生，1956 年调至中国科学院自然科学史研究所。他从 1912 年开始致力于中国数学史研究，著有《中国算学史》(上篇)、《中国数学史》、《宋元数学史论文文集》等专著。研究中国科学史的名家李约瑟这样评价道：“钱宝琮的著作不及李俨多，但有些质量很高。钱先生的研究中，尤以关于祖冲之圆周率的研究最为周详精到，令人折服。”

有趣的是其子钱克仁子承父业，在苏州大学数学系执教《中国数学史》课程，著有《数学史选讲》一书，笔者曾受教于他。

李俨(1892～1963)，福建福州市人。1913 年就读于唐山路矿学堂，后考入陇海铁路局，历经练习生、测量员、工程总段长、副总工程师等职。他先后著有《铁道定线法》、《铁道选线法》、《隧道定线法》等专著，这些论著在陇海铁路建设的实践中发挥了积极的作用。更为可贵的是李俨从 1911 年起，利用业余时间，从事中国古算史的资料整理和研究工作，经过数十年的苦心经营，开创了中国古代数学史研究的新纪元。他先后撰写了百余篇中国算学史的论文，其中以《中国数学源流考略》、《中算史论丛》(4 集)、《中国算学史》、《中国数学大纲》、《中国古代数学史料》等最为著名，他珍藏有不少罕见的中国古算书，曾编成《李俨所藏中国算学史目录》，堪称海内外独步。这批宝贵的科学资料现已由其家属捐赠给中国科学院。1955 年，李俨因研究成果卓著而被调入中国科学院，任自然科学史研究所一级研究员。值得一提的是李俨对现代数学也颇有研究，著有《微积分学初步》和《近世几何学初篇》两书。

1998 年岁末，辽宁教育出版社出版了《李俨、钱宝琮科学史全集》(10 卷)，使得李、钱二老为中国数学史学科奠基和构建中完成的几乎全部科学史著作和论文完整地展现在我们的面前，这也是对他们一生不凡的科学生涯的最好纪念。

杰出的女数学家吉尔曼

女数学家吉尔曼于1776年生于法国首都巴黎，父亲是个爱学习的商人，家中丰富的藏书使吉尔曼从小生活在一个良好的学习环境中。13岁那年，一本关于大数学家阿基米德的传记作品让她如痴如醉，在她幼小的心灵中植下了爱科学的种子，这最早对科学的激动，决定了她终生的数学生涯。她凭着顽强的毅力掌握了微积分，这是自学的结果。18岁那年，已是巴黎综合工科学校函授生的吉尔曼有幸聆听了蜚声数坛的大师拉格朗日的课，其深邃的思想给她以极大的启发。思维活跃的她竟化名为“布朗先生”写了一篇论文送交拉格朗日，拉格朗日读后拍案叫绝并通知作者面谈，谁知来的是一位风华正茂的女学生，这使拉格朗日大为惊奇。惜才爱才的拉格朗日破例做了吉尔曼的教父，经常指导吉尔曼的学业。

1807年，普法战争中的法国军队占领了德国的汉诺威城，那里有举世闻名的数学王子高斯。吉尔曼从阿基米德被罗马士兵杀害的事例中认识到了一个伟大科学家的重要性，她专门拜访了其父的朋友、当时的法军统帅，要求他保证这位大数学家的人身安全。结果，她如愿以偿，由此她得到了高斯的信任，也为自己找到了又一位博学多才的老师。

在拉格朗日、高斯等大数学家的悉心指点下，吉尔曼的研究工作进展甚快，除了在数论中取得重大的成就外，在应用数学领域中，也是硕果累累。1811年，她以3篇出色的论文获得了法国科学院关于建立符合工程实际数据的弹性曲面数学理论所设的金质奖章，引起了巨大的轰动，因为女性在这一领域获得奖赏是难能可贵的。遗憾的是由于社会的偏见，尽管吉尔曼作出了很大的成绩，包括在声学上的建树，但她是位女性，女性在当时的社会地位低下，受到歧视，所以她终身没有获得任何学位，也没有担任过科学职务，更不能进大学当教授，这是令人惋惜的。

1831年，吉尔曼这位杰出的女性，近代史上第一个作出重大成绩、当之无愧的女数学家带着终身的遗憾，在巴黎闭上了不瞑之目。

数学女神童阿涅西

阿涅西(1718～1799),意大利女数学家、哲学家,生于米兰市,其父是波伦亚大学的数学教授。在这样的家庭里,阿涅西从小聪明好学,少年时即已精通拉丁文、希腊文、希伯来文和几种现代语言,9岁就用拉丁文发表了一篇维护女性接受高等教育权利的文章。20岁那年,她所著的《哲学命题》一书出版,这是根据在其父书房中举行的科学小组会上的讨论而写的关于哲学和自然科学的短论汇编,包括190篇短文,内容涉及数学、逻辑、力学、流体力学、弹性学、天体力学、化学、植物学、动物学和矿物学中的问题。1748年,30岁的阿涅西出版了举世闻名的《分析讲义》(2卷),成为数学史上的一件大事。一年后,她被意大利教皇内笛克蒂十四世任命为波伦亚大学名誉教授,次年开始担任“数学与哲学”的讲习,成为世界上第一个有文字记载的女数学教授。阿涅西终生未嫁,她把大半生的时间放在了研究数学和照顾年幼的弟妹上,是一位默默无闻为科学奉献的伟大女性。

阿涅西在数学上的主要成就有二：一是在《分析讲义》中，她不但综合了牛顿的“流数法”和莱布尼兹的“微分法”，而且把散布各国的有关论文收集在一起，采各家之长进行编辑，成为当时欧洲使用达80年之久的重要教科书；二是把牛顿的《自然哲学的数学原理》(1687)译介给意大利人。米兰人民为了纪念这位伟大的科学女性，在阿涅西死后的100周年，以她的名字命名了一所师范学校和一条街，在街边立了一块柱石，碑文上刻有赞颂她的文字：在她的那一世纪与意大利光耀的数学界中的博学通化。

中国数坛“女双杰”徐瑞云和胡和生

徐瑞云是中国著名女数学家。1932年,年仅17岁的她,以优异的成绩考入浙江大学数学系,成为陈建功和苏步青的学生,毕业时因成绩优秀被留校。第2年赴德国留学,师从于著名数学家卡西奥道里,1941年获博士学位,成为中国历史上第一位女数学博士,学成回国后回到母校,1946年成为教授。新中国诞生后,她服从组织需要,先后在浙江师大、杭州大学任数学系主任,为国家培养了众多人才。她教的学生中,有曹锡华、叶彦谦、金福临等,后来都成了数学家和数学教育家。她一生从事分析数学的研究,特别擅长于三角级数论,早在20世纪40年代便发表了三角级数方面的论文多篇,即使在后来担任浙江省数学学会副理事长期间,还翻译了苏联数学家那汤松的名著《实变函数论》(上、下)及《富里埃级数》等。遗憾的是,“十年动乱”使得这位德高望重的女数学家身心受到极大的摧残,她带着对中国数学事业的期望,于1969年离开了人间，成为中国数学界的一大损失。

如果说徐瑞云教授是中国现代女数学家先驱的话，那么复旦大学的胡和生教授则是后来居上者。这位解放后成长起来的中国少数女数学家中的佼佼者，师从数学大师苏步青，在射影微分几何、黎曼空间完全运动群、规范场理论等方面取得了突出的研究成果，1982 年曾荣获全国自然科学奖。她是中国科学院唯一的数学女院士，又是由著名数学家陈景润任主编的国家数学最高级刊物《数学学报》的副主编。她发表论文、论著 70 多篇(部)，其专著《孤立子理论与应用》发展了孤立子理论与几何理论的成果，处于世界领先地位。值得一提的是，其夫谷超豪教授也是一位数学大家，夫唱妇随，夫妻院士，在中国数学界被传为佳话。

20世纪最伟大的数理逻辑学家

1906年，在奥地利的布瑞尼（现在的布尔诺）诞生了一位数学巨人，他就是后来成为一代数理逻辑大家的库尔特·哥德尔。哥德尔的双亲系德国人，因此他在家乡上了4年国民学校和8年德国国立中学。从小学一年级到中学毕业，年轻的哥德尔总是得高分。他的数学天分在他14岁时就初露锋芒。到16岁，他已经开始读康德的著作，他认为康德的思想对他的智力发展具有塑造作用。18岁那年他考入了维也纳大学哲学系，两年后转而攻读数学，师从具国际声誉的数学家费特万格勒、哈恩、门格尔等人。1930年，哥德尔以解决希尔伯特的“狭义谓词演算的完全性问题”而完成了博士论文并获博士学位，开始了他职业数学家的生涯。

1931年，哥德尔受聘在维也纳大学任助教，两年后升为讲师。1933年，已获讲师职称的哥德尔来到了国际数学中心普林斯顿做访问学者两年，在那里，他发表了《论形式数学系统的不可判定命题》的演讲。1938 年秋，哥德尔再次踏上美国国土来到普林斯顿，继续他那“公理化集合论”的研究，一年后定居美国，在普林斯顿高等研究院从事数学研究工作。由于论资排辈、排斥异国人等多种因素，哥德尔直到 1947 年才被批准为常任研究员，1953 年才成为教授。在此以前，即 1940 年，哥德尔证明了 ZF 公理和选择公理的相容性，从而解决了困扰数学界多年的一个棘手问题。其实，早在他 25 岁那年，他就证明了“包含通常逻辑和数论的一个系统的无矛盾性是不可能证明的”。鉴于他那突出的成就，1951 年，他获得了爱因斯坦勋章。数学巨匠冯·诺伊曼在授勋仪式上的一席话恐怕是对他数学研究的最好评价：“哥德尔在现代逻辑中的成就是非凡的、不朽的——它的不朽甚至超过了纪念碑。”他被爱因斯坦认为堪与其并肩，他提出的新理论推动了数学基础划时代的发展。

1978 年 1 月 14 日下午，72 岁的哥德尔在普林斯顿医院候诊时去世。巨星坠落，他留给后人的是划时代的著作《选择公理及广义连续统假设同集合论公理的相容性》。

分形理论及其创始人

20世纪70年代末，随着科学技术的迅猛发展，科学家们探索大自然奥秘的本领越来越强，探索世界复杂性的新方法层出不穷，被誉为“世界性的冲击波，科学家的热门话题”的分形理论便是在这种情况下脱颖而出的一门新型几何学。那么，什么是分形理论呢？首先必须弄清楚分形是什么。在自然界，弯弯曲曲的海岸线，起伏不平的山脉，粗糙不堪的表面，变幻无穷的浮云，纵横交错的血管，物质的微观结构等事物，都有一个共同的特点，那就是极不规则或极不光滑的，这些对象都是分形。分形理论是用数学中维数变化的连续性处理对象的自相似性和不规则性，这一崭新的理论为人们通过部分而推及整体，从有限中认识无限提供了新的思想方法，并且这一规律已渗透到科学、哲学的全部领域。

在此，有必要提及分形理论的创始人、杰出的波兰数学家曼得尔布罗特，这位1924年11月20日生于以好学著称的犹太人家庭中的天才，23 岁便获理学硕士学位，28 岁获得了巴黎大学数学博士学位。他曾在多所大学任教，教过经济、工程、生理学，是哈佛大学数学教授，后成为美国科学院院士。他 1985 年获得具有极高科学声誉的科学功勋奖，1988 年又获“科学与艺术奖”，1989 年则获得了富兰林克奖。

在曼得尔布罗特的倡导下，分形研究方兴未艾，前景诱人。比如，中国矿业大学的谢和平院士长期致力于矿山岩体力学与工程研究和实践，1985 年起，他创造性地引入分形方法对裂隙岩体进行非连续变形、强度和断裂破坏的研究，形成了矿山裂隙岩体非连续行为分形研究的新方向，并与损伤力学相结合，在岩爆、地表沉陷、顶煤破碎块度控制等重要矿山工程应用中获得成功，取得了显著的经济效益和社会效益。

我们相信，分形理论必将在人类认识自然改造自然的活动中大放异彩。

杰出的数学教育家弗赖登塔尔

翻开任何一本数学教育专著，弗赖登塔尔的名字都会赫然在列。因为弗赖登塔尔不仅是一位杰出的数学教育家，而且是数学教育的卓越组织者和改革家，其数学教育思想引领着数学教育的发展进程。

弗赖登塔尔是荷兰数学家和数学教育家，生于 1905 年，1930 年获柏林大学博士学位，1951 年起为荷兰皇家科学院院士，1971～1976 年任数学教育研究所所长。他早年从事纯粹数学研究，1963 年开始致力于数学教育的改革，1967 年当选为国际数学教育委员会主席，在他的倡导下，国际数学教育委员会成为一个促进数学教育研究的专门机构，其创办的《数学教育研究》杂志是国际上最有影响、最具权威的数学教育刊物。

弗赖登塔尔的数学教育思想主要有这样几点：

1. 首先应把数学作为思维的训练，作为筛选的工具，作为培养学生解决问题能力的一种手段。

2. 数学教学必须“源于现实，寓于现实，用于现实”的数学教育的原则之一是“数学现实”的原则。

3. 与其说学习数学，还不如说是学习“数学化”；与其说学习公理系统，还不如说是学习“公理化”；与其说学习形式系统，不如说是学习“形式化”。说到底，“数学化”应贯穿始终，即数学地组织现实世界，形成“数学化”的过程。

4. 数学教育方法的核心是学生的“再创造”，让学生在自己所接触的数学现象中进行“再创造”，得出数学成果。

作为一位数学家，弗赖登塔尔 20 世纪 30 年代就享有盛誉，从 20 世纪 50 年代起开始逐渐转向数学教育的研究，形成了独到的观点。他的数学教育理论与思想，完全是从数学教育的实际出发，用数学家和数学教师的眼光审视一切，可以说已经摆脱了“教育学(或心理学)加数学例子”这种传统的数学教育研究模式，抽象概括成他独有的系统见解，这也许是他最重要的贡献，也正是我们特别需要借鉴之处。

值得指出的是，国际数学教育委员会每 4 年召开一次国际数学教育大会，大会设立的国际数学教育最高奖项一共设立两个：一个为克莱因奖，另一个即为弗赖登塔尔奖。这两个奖项每个奇数年份评选一次，奖章在下一届国际数学教育大会上颁发，这也是对弗赖登塔尔在数学教育领域所作出贡献的纪念。

我国数学教育的先驱者郑之蕃

在中国现代数学史上，有许多辛勤执教的老前辈。有些老先生，限于各种条件，在科学研究上建树不大，但悉心培育后人，终生不渝；有些老教授不仅做出过许多科研成果，而且在满目疮痍的旧中国，为了数学教育事业，惨淡经营，为此付出了毕生精力。江苏吴江的郑之蕃就是其中突出的一位。

郑之蕃(1887～1963)，名桐荪，江苏吴江人，早年肄业于上海震旦大学，其大妹佩宜是著名诗人柳亚子的夫人。光绪末年，怀着科学救国理想的郑之蕃只身一人登上了横渡大洋的海轮，告别祖国，来到大洋彼岸的美国纽约州绮丽佳城，在那里的康奈尔大学专攻数学。他不负国家的重托，学习异常刻苦，终于在辛亥革命前学成回国，从事数学教育。据有关资料(如《中国数学史简编》，辽宁人民出版社出版)考证，郑之蕃是清末出国学习数学第一人。

数学的发展固然有很多因素相互制约，而人才是至关重要的。郑之蕃深深地懂得这一点，他决心把自己在海外学到的先进的科学技术带到东方这块古老的国土上，使之生根、开花、结果。他回国后，便执教于福建马尾海军学校，为培养人才呕心沥血，不遗余力，其美名远扬。1920年受聘于国内最高学府清华学校(清华大学的前身)，1925年应著名数学家熊庆来(华罗庚教授的老师)之邀，与杨武之(诺贝尔奖获得者杨振宁之父)等人一起筹办算学系，卓有成效，培养了像陈省身(前美国数学会主席)、吴大任(前天津南开大学副校长)这样出类拔萃的数学英才，为中国现代数学的腾飞作出了贡献。

1935年，国内从事现代数学研究的学者有的已经达到了国际水平，中国的数学研究队伍初具规模，在这样的背景下，全国性的数学团体——中国数学会应运而生。在7月25～27日的成立大会上，时任清华大学教务长的郑之蕃被选为董事会的9名董事之一，这是个众望所归的结果，其名字列陈建功(中国现代三大数学家之一)、苏步青(前全国政协副主席)之前，成为我国数学界德高望重的前辈。

郑之蕃认真教学，并善于启发学生的思想，他对学生的关心教导不仅限于课内。获他教导的学生感到终生受益，有的坚定了专业学习的信心，有的以他对工作的严格要求作为楷模。

郑之蕃一生致力于数学名词的编译工作，前后几版的《数学名词》都倾注了他的许多心血，反响强烈。郑之蕃对中国古代数学史也很有研究，造诣颇深，著有《四元开方释要》、《墨经中的数理思想》等文。1952年退休后，郑之蕃写下了许多诗篇，热烈歌颂社会主义祖国，其中写道："大哉社会主义映千古，日月光华永并明。"其爱党、爱国之真挚感情跃然纸上，足见一个老知识分子的宽阔胸怀。

我国杰出的数学教育家何鲁

人们常常喜欢用“桃李满天下”来形容一个培养人才的教师。这句话如果用在四川的何鲁身上，恐怕是最贴切不过了。请看下面的一串令人注目的名字：吴有训（原中国科学院副院长）、吴文俊（原中国数学会理事长）、赵忠尧（原中国科学院原子物理所所长）、吴新谋（原中国数学会常务理事）……这些著名科学家，都是何鲁教授的学生。

何鲁（1894～1973），四川广安人。1912 年，18 岁的他从清华大学得官费赴法国里昂大学攻读数学，1919 年回国任东南大学教授。由于他早年加入同盟会，是国民党的元老，故以国民党政府教育部“部聘教授”的极高声望辗转执教于大同大学、中国公学、第四中山大学、安徽大学、重庆大学、云南大学、四川大学等高校，担任过教务长和校长。他为了数学教育的需要，编写了许多教科书和数学普及读物，如《二次方程详论》、《代数》、《微积分》、《虚数详论》、《变分法》、《纯粹数矩阵论》等，使许多青年学生受益匪浅。他最早把现代数学引进中国，同时注重应用数学的研究。更值得称道的是何鲁教授的为人，入污泥而不染，绝不和贪官污吏为伍，表现了强烈的科学家骨气。

解放后，何鲁教授任教于北京师范大学，为祖国培养了许多数学人才。“添得建设砖一块，百年休负有涯身”这两句诗反映了他晚年的抱负。

值得一提的是何鲁擅长书法。他在其砚台上铭刻铭词：“终日相携，形影不离。子不弃我，如式佩。”1954年，年已花甲的何鲁在学俄语时，逐日把一本俄文日历译成中文，再用朱墨蝇头小楷抄录下来。字迹工整、清丽，一字未改，一丝不苟。何鲁的书法先学颜真卿、柳公权，后习欧阳询、王羲之，博采众长，自成一家。他的楷书既有欧体的锐利俊丽，又融合了“二王”的笔意，还有汉碑的特色。据说何鲁的书法传到东邻日本，颇受日本书法界的赞誉。日本前首相田中角荣就很推崇何鲁的书法艺术，曾盛情邀请何鲁率书法代表团访问日本。可惜由于何鲁辞世未能成行，可谓是中日文化交流史上一件憾事。

1973年9月13日，80岁高龄的何鲁在书房伏案工作，突然心肌梗塞发作，手中紧握的笔尚未放下，便倒在了书桌旁，匆匆走完了人生旅途。

人物撷趣

站在巨人肩膀上的数学家牛顿

牛顿(1642～1727)生于英格兰林肯郡格兰瑟姆附近的沃尔索普村。1661 年入英国剑桥大学三一学院,1665 年获文学士学位。随后两年在家乡躲避瘟疫。这两年里,他制定了一生大多数重要科学创造的蓝图。1667 年回剑桥后当选为三一学院院委,次年获硕士学位。1696 年任皇家造币厂监督,并移居伦敦。1703 年任英国皇家学会会长。1706 年受女王安娜封爵。晚年潜心于自然哲学与神学。

牛顿在数学上最卓越的贡献是创建了微积分。17 世纪以来,原有的几何和代数已难以解决当时生产和自然科学所提出的许多新问题,例如:物体的瞬时速度与加速度,曲线的切线及曲线长度(行星路程),矢径扫过的面积,极大极小值(如近日点、远日点、最大射程等),体积,重心,引力……尽管牛顿以前已有对数、解析几何、无穷级数等成就,但还不能圆满或普遍地解决这些问题。当时笛卡儿的《几何学》和瓦里斯的

《无穷算术》对牛顿的影响最大。牛顿将古希腊以来求解无穷小问题的种种特殊方法统一为两类算法：正流数术（微分）和反流数术（积分），反映在 1669 年的《无穷多项方程的分析》、1671 年的《流数术方法与无穷级数》、1676 年的《曲线求积术》3 篇论文和《原理》一书中。与此同时，他还在 1676 年首次公布了他发明的二项式展开定理。牛顿利用它还发现了其他无穷级数，并用来计算面积、积分，解方程等等。1684 年莱布尼兹从对曲线的切线研究中引入了拉长的 S 作为微积分符号，从此牛顿创立的微积分学在大陆各国迅速推广。

微积分出现后，成了数学发展中除几何与代数以外的另一重要分支——数学分析（牛顿称之为“借助于无限多项方程的分析”），并进一步发展为微分几何、微分方程、变分法等等，这些又反过来推动了理论物理学的发展。例如瑞士的伯努利曾征求“最速降落曲线”的解答，这是变分法的最初始问题，半年内全欧数学家无人能解答。1697 年的一天，牛顿偶然听说此事，当天晚上一举解出，并匿名刊登在《哲学学报》上。伯努利惊异地说：“从这锋利的爪中我认出了雄狮。”牛顿在前人工作的基础上，提出“流数(fluxion)法”，建立了二项式定理，并和莱布尼兹几乎同时创立了微积分学，得出了导数、积分的概念和运算法则，阐明了求导数和求积分是互逆的两种运算，为数学的发展开辟了一个新纪元。

值得指出的是，在科学领域大名鼎鼎的牛顿却不是一个好教师，在他一生的科学生涯中，曾经有过一段当教师的短暂经历，以失败而告终。牛顿讲课慢条斯理，声音含糊不清，根本谈不上吸引学生，以至于他所任课的教室里常常会出现学生走得一个不留的情境。他在上课时很少讲简单的基本原理，而是直接给出结果，搞得学生如堕云里雾里。这种不符合教学规律的讲授方法，加之牛顿沉闷单调的讲课手段，令许多学生不是溜之大吉，就是打瞌睡。此事说明，每个人都有其长处，也有短处，只有扬长避短，才能走向成功。在这一点上，我国的数学家陈景润和牛顿有着惊人的相似之处。

善用“零头布”的苏步青教授

苏步青生于浙江平阳县(现苍南县),家境极为贫寒,小时候放牛、割草、喂猪、拾柴等农活样样干过,靠着在私塾旁听识了些字。为了让苏步青能成才,他父亲决心送他上学。懂事的苏步青是读书、放牛两不误,牛背成了他背诗看书的好场所,故日后享有“诗人数学家”的盛誉。

苏步青教授自 20 世纪 20 年代始在日本发表第一篇数学论文迄今,已在国内外数学刊物上发表专业论文 160 多篇,出版专著数十部,多次获国家科学奖。曾任全国政协副主席、复旦大学名誉校长、中国科学院院士、国务院学位委员会委员、中国大百科全书数学卷总编等职。尽管众多职务集一身,在繁忙的工作之余,他还是写出了几部学术专著,其秘诀便是善用“零头布”。

苏步青教授把整段时间称为“整匹布”,零星时间称为“零头布”。“整匹布”对他来说是不容易得到的,于是他便在“零头布”上动脑筋。对此，他说得好：“别看它零零碎碎，聚沙成塔，时间上也可以积少成多。”苏步青教授的名著《微分几何五讲》是利用在杭州讲学及在复旦大学为研究生上课的间歇中完成的，20万字的《仿射微分几何》是利用外出开会空余及星期天完成的。如此见缝插针，时间在苏步青手中得到了最充分的利用。

苏步青的科学业绩是举世瞩目的，累累硕果与他善用“零头布”，抓紧点滴时间钻研数学密不可分。我们有理由相信，这位中国现代数学大师的风范，一定会对年轻的一代产生深远的影响。同时，他以渊博的学识建立的具有鲜明特色的数学家群体，一定会发扬光大。最后，我们还是以苏老的学生谷超豪教授在苏老90寿辰庆贺会上的祝词作为本文的结束吧！“苏老是国际上公认的几何学权威，他对仿射几何和射影微分几何的高水平工作，至今在国际数学界占有无可争辩的地位。苏老对我国数学学科的建设建立了功勋，他在‘浙大’、‘复旦’为创建国内外有影响的学科呕心沥血，他为我国文教事业的改革也作出了不可磨灭的贡献。”

大哲学家笛卡儿的数学发明

笛卡儿(1596～1650)生于法国土伦的一个小城拉哈耶，父亲是位律师。当他8岁时，父亲把他送入一所教会学校，后来进入普瓦界大学学习，20岁毕业后，继承父业在巴黎当律师。1617年他进入军队，在9年的服役中，曾利用很多业余时间钻研数学。后来他回到巴黎，为望远镜的威力所激动，闭门研究光学仪器的理论和构造，同时又成为一位哲学家。1628年他移居荷兰，得到较为安静自由的学术环境，他在那里住了20年，完成了许多哲学名著，如《思想的指导法则》、《世界体系》、《更好地指导推理和寻求科学真理的方法论》(包括三个著名的附录:《几何》、《折光》和《陨星》)以及《哲学原理》等。如此成就，使得笛卡儿这一名字在哲学的殿堂中回响了300多年，人们一直把他供奉为近代欧洲哲学的始祖，理性主义的先驱。他在哲学上有一句名言:“我思故我在。”他的哲学不仅展现了一个新的观点，而且带来了一个新的时代。黑格尔称他为“现代哲学之父”。《几何》这一附录是笛卡儿所写的唯一数学书，书中清楚地反映了他关于坐标几何和代数的思想。1649 年，53 岁的笛卡尔被邀请去瑞典做女皇克利斯提娜的教师，不幸在数月之后便因肺炎与世长辞。

笛卡尔虽然从小喜爱数学，但真正自信自己有数学才能而开始认真地用心研究数学却是因为一件偶然的事。笛卡儿在军队服役时，曾随军队驻扎在荷兰南部的布勒达。一天，他在街上散步，看到一群人聚集在贴着招贴的围墙前。他好奇地走到跟前，但他还不懂荷兰文，便请求旁边的一个人译成法文给他看，这个人嘲笑似地看了看这个年轻的士兵，说招贴上刊载的是解几何题的公开挑战，如果笛卡儿敢于来解这些难题，他就翻译给笛卡儿听。这个人便是数学教授别克曼。出乎别克曼教授的意料，第二天笛卡尔带着自己的题解来见他，使这位教授大为吃惊。这一奇遇，使笛卡儿开始在别克曼的指导下，认真研究数学。这种情况一直延续了两年，这为笛卡儿以后创立解析几何打下了良好的基础。

后来，作为哲学家的笛卡儿创建了著名于世的直角坐标系，在此基础上创造了用代数方法研究几何的数学分支——解析几何学。他把过去对立着的两个研究对象“形”和“数”统一起来，并引入“变量”，完成了数学史上的一项划时代的变革。精通数学的革命导师恩格斯这样评价道：“数学中转折点是笛卡儿的变数，有了变数，运动进入了数学；有了变数，辩证法进入了数学；有了变数，微分和积分也就立刻成为必要的了”。

有趣的杨辉三角

凡学过数学的人都知道杨辉三角。杨辉三角是一个由数字排列成的三角形数表，其一般形式如下：

```
                  1
                1   1
              1   2   1
            1   3   3   1
          1   4   6   4   1
        1   5   10  10  5   1
      1   6   15  20  15  6   1
```

杨辉三角最本质的特征是：它的两条斜边都是由数字 1 组成的，而其余的数则等于它肩上的两个数之和。

其实，中国古代数学家在数学的许多重要领域中处于遥遥领先的地位。中国古代数学史曾经有自己光辉灿烂的篇章，而杨辉三角的发现就是十分精彩的一页。

杨辉（约公元 13 世纪），字谦光，钱塘（今浙江杭州）人。

其著作甚多。他著名的数学书共五种21卷。著有《详解九章算术》12卷(1261年)、《日用算法》2卷(1262年)、《乘除通变本末》3卷(1274年)、《田亩比类乘除算法》2卷(1275年)、《续古摘奇算法》2卷(1275年)。杨辉的数学研究与教育工作的重点是在计算技术方面,他对"筹算乘除捷算法"进行总结和发展,有的还编成了歌诀,如九归口决。他在《续古摘奇算法》中介绍了各种形式的"纵横图"(幻方)及有关的构造方法,同时"垛积术"是杨辉继沈括"隙积术"后,关于高阶等差级数的研究。

说起杨辉对幻方的研究,还流传着这样一个小故事。当时杨辉是台州的地方官,一次外出巡游,碰到一孩童挡道,杨辉问明原因方知是一孩童在地上做一道数学算题,杨辉一听来了兴趣,下轿来到孩童旁问是什么算题。原来,这个孩童在算一位老先生出的一道趣题:把1到9的数字分行排列,不论竖着加、横着加,还是斜着加,结果都等于15。杨辉看到这个算题,立即想起他在西汉学者戴德编纂的《大戴礼》一书中也见过。杨辉想到这儿,和孩童一起算了起来,直到午后,两人终于将算式摆了出来。后来,杨辉随孩童来到老先生家里,与老先生谈论起数学问题来。老先生说:"北周的甄弯注《数术记遗》一书中写过'九宫者,二四为肩,六八为足,左三右七,戴九履一,五居中央。'"杨辉听后发现这与自己与孩童摆出来的完全一样,便问老先生:"你可知这个九宫图是如何造出来的?"老先生说不知道。杨辉回到家中,反复琢磨。一天,他终于发现一条规律,并总结成四句话:"九子斜排,上下对易,左右相更,四维挺出。"就是说:先把1～9九个数依次斜排,再把上1下9两数对调,左7右3两数对调,最后把四面的2、4、6、8向外面挺出,这样三阶幻方就填好了。杨辉研究出三阶幻方（也叫洛书或九宫图）的构造方法后，又系统地研究了四至十阶幻方。在这几种幻方中，杨辉只给出了三阶、四阶幻方构造方法的说明，四阶以上幻方，杨辉只画出图形而未留下作法。但他所画的五阶、六阶乃至十阶幻方全都准确无误，可见他已经掌握了高阶幻方的构成规律。这在当时是一个非常了不起的成就。

需要指出的是，杨辉非常重视数学教育的普及和发展，在《算法通变本末》中，杨辉为初学者制定的"习算纲目"是中国数学教育史上的重要文献。杨辉在教学方法和原则上主张循序渐进、精讲多练、循循善诱，这些教学原则、方法，在数学教育中至今仍被广泛采用。杨辉还特别重视计算能力的培养，他主张习题要有典型性，能举一反三，他的这些思想对我们今天的数学教学仍有指导作用。

和尚数学家一行

提起和尚，大家都不会陌生。和尚大多是饱学之士，这里介绍的和尚一行，就是一位卓越的数学家。

一行（公元 683～727），名张遂，魏州昌乐（今河南省南乐县）人。他自幼天赋聪明，勤奋好学，一心钻研数学和天文学，阅读了大量的书籍，有渊博的知识。为了求知，他曾往长安城内藏书甚多的元都观向主持道士尹崇借书。一次，张遂借了一部《太玄经》，几天后便读完还给了尹崇。尹崇说："这本书比较深奥，我研究了好些年也没有完全弄明白，你还是好好研究，不必这么快就送回来。"张遂认真地回答说："我已经弄明白了。"说着，便把读书笔记交给了尹崇，尹崇看后大为惊奇，逢人便夸张遂是个有学问的青年。

从此，张遂名声大振，时值武则天做了皇帝，她的侄子武三思飞扬跋扈，不学无术，偏偏欲与张遂结交。张遂见他为人阴险，怕遭到他的迫害，便断然出家当了和尚，投身于河南嵩山普寂大师的门下，法名为“一行”。出家后，一行仍然不放弃数学，当他听说浙江天台山有位和尚精通数学时，竟千里迢迢前往请教，不懈的努力换来了一行的成果。

公元 712 年，一行受诏进京，主持修订历法，几经努力，终于在 727 年完成计历法。遗憾的是新历法还未及颁布，一行因积劳成疾，与世长辞，年仅 44 岁。一行虽不在人世，但他在编制《大衍历》时创立并使用的不等间距二次同插方法，已成为数学史上的一项创举，它要比欧洲同类成果早 900 多年，这是值得中国人民自豪的。同时，《大衍历》在开元二十一年开始传入日本，行用近百年，这是值得向一行告慰的。

从开元十二年起，一行还主持过大规模的全国天文大地测量，其中以南宫说等人在河南所作的一组观测最有成就。他们在今河南省四个地方测量了当地的北极高度，夏至日影长度，又测量了四地间的距离。经一行归算，得出了“北极高度差一度，南北两地相距 351 里 80 步（唐代尺度）”的结论。这实际上就是求出了地球子午线一度之长。

中学生数学家伽罗华

中学生同样能成为数学家，这里介绍的是19世纪的一颗明星，中学生数学家——伽罗华。

1811年10月26日，伽罗华出生在法国的一个小镇。12岁时他进入了中学，刚开始，有些老师认为他“没有智慧”，是一块“不可雕的朽木”，倔强好胜的伽罗华并没有因此气馁，反而更加发奋地学习。三年后，数学教师范尼尔唤起了他超人的数学才华，使伽罗华得以在数学的海洋中无拘无束的遨游。16岁那年，志向远大的伽罗华开始研究方程论。17岁时，他遇到了“伯乐”——里沙。在里沙的悉心指导下，伽罗华开始取得了具有划时代意义的成果。他引入了代换群，彻底解决了代数方程根式可解的条件问题，开辟了数学的新领域——群论。据说，爱因斯坦的广义相对论所依靠的工具，除了张量分析，就要数群论了。伽罗华的数学思想把代数引上了崭新的发展轨道。

令人惋惜的是，伽罗华这样一位才华出众的数学天才，竟于 1832 年 5 月 30 日死于当时反对派设置的决斗圈套中，年仅 21 岁。伽罗华虽然过早地离开了人世，但他所栽种的智慧之花被后人浇灌得更加绚丽多姿，并不断造福人类，这是可以向这位过早陨落的数学新星告慰的。科学无国界，人们永远怀念中学生的骄傲——伽罗华。

名人的数学情缘

拿破仑也是数学家

19 世纪初叶,拿破仑的名字在欧洲家喻户晓。这位法国资产阶级政治家、军事家同时还是一位数学家。

早在少年时代,拿破仑就酷爱数学,进入巴黎军校后,由于一些著名数学家,如蒙日、拉普拉斯的指教,他的数学造诣越趋高深。他贪婪地阅读众多的数学书籍,掌握了大量的数学知识。即使在战争期间,他也常常把解数学题当做一种消遣。他解决的"用圆规四等分已知圆面积问题"使士兵们惊叹不已;他提出的有名的"拿破仑定理"(从一个任意三角形的三边上向外作三个正三角形,则以此三个三角形的中心为顶点的三角形是正三角形)令人折服。执政后的他并没有因国事繁忙而减弱对数学的兴趣,利用空余时间研究数学仍然是他的乐趣。他与许多一流的数学大师如蒙日、拉格朗日、拉普拉斯、傅立叶都是好友,并经常向他们请教数学问题。他认为,数学的发展与国家的繁荣和富强有着密切的关系。这句话在现在看来是有一定道理的。

当然，作为总统的拿破仑也有独断专行的一面，因为自己爱好数学，竟然任命数学家拉普拉斯为内务部长。遗憾的是拉普拉斯虽然是世界第一流的数学家，但却是个糟糕的行政官员，以至于一个半月后，拿破仑不得不更换了内务部长。

作为数学家的拿破仑特别反对别人说他是“天才”，他一再强调：“完全不是冥冥中有什么天才对我突然启示。”

达·芬奇与数学

达·芬奇(1452～1519)是意大利杰出的画家、雕塑家，是欧洲文艺复兴时期的代表人物之一。殊不知，他还是一位数学家呢。他深入研究了数学上特别是几何方面的问题。尤其是他关于求半圆的重心和四面体重心问题的解法中，有许多地方是独创的。他在求椭圆的面积时所运用的方法，在较晚时候的数学家中才获得了发展。他解决的“与已知圆等积的直线形的作图”问题所使用的方法之简单至今让人津津乐道。他运用相似三角形发现了根据物体的阴影求它的高，求河的宽度等等。

达·芬奇对数学的评价很高，他曾说：“任何人的研究，没有经过数学的证明，就不能认为是真正的科学。”我们在纪念这位伟大的艺术家的同时，不要忘记他对数学的贡献。

列宁的父亲乌里扬诺夫

革命导师列宁的父亲乌里扬诺夫是俄国的一位数学教育家，他 1831 年生于阿斯特拉罕城，1854 年毕业于喀山大学物理数学系，其后在一些中学讲授数学和物理，38 岁那年开始任教育巡视员,43 岁起担任阿斯特拉罕省国民学校校长。

在长期的教育生涯中,乌里扬诺夫为中学数学、物理、地理等课程的教育计划改革作了大量的工作。在数学这门课程中,他提出的“在实用学校增设选题”的建议被教育当局的采纳并予以实施。他提出的“直角坐标与斜坐标概念在绘图中的应用”、“二元与三元的一次、二次不定方程解法”等选题强调了要用解决实际问题的方法去武装学生的思想,这种教育与生活接近的观点在当时是非常先进的,即使在今天仍然有值得借鉴之处。

数学爱好者的发明

数学上的发明多数是由职业数学家完成的，但也有例外。被革命导师恩格斯誉为“最重要的数学方法”之一的对数（另两个是笛卡儿的解析几何与牛顿—莱布尼兹的微积分）的发明者就是苏格兰的一位业余数学爱好者纳皮尔。

纳皮尔 1550 年生于苏格兰爱丁堡附近的小镇梅奇斯顿一个贵族家庭，13 岁入大学，后到欧洲各地旅游、学习，21 岁返回苏格兰，其后又继承了父亲的产业定居出生地。他多才多艺，对数学尤为爱好，其研究也很有深度，球面三角形中的“纳皮尔比拟式”、“纳皮尔圆部规则”及“纳皮尔算筹”等都很有名，但他最重要的成就是发明了连中学生都要学习的对数。

对数的研究在纳皮尔来说是 40 岁以后的事，当时的代数还相当落后，就连“指数”、“对数”这些概念都未建立，而纳皮尔竟然花了 20 年的时间在指数概念之前建立了对数，可称得上是一大奇迹了。1614 年，纳皮尔用心血铸就的结晶《奇妙的对数》终于出版，这是一本 200 多页 8 位对数表，该书还仔细深入地研究了对数的理论，揭示了它的本质。对数发明后，很快传遍欧洲，成为不可缺少的计算工具，法国大数学家拉普拉斯称赞其“以其节省劳动力延长了天文学者的寿命”，著名科学家伽利略更是欣喜若狂，他甚至说：“给我空间、时间及对数，我即可创造一个宇宙。”

大家知道，莱蒙托夫是伟大的俄罗斯诗人，他业余时间爱好美术，也喜欢数学。据说有一天晚上，莱蒙托夫在做一道数学题，由于久思不解而昏沉入睡，在梦中，他竟然与一位数学家相会，并且在这位数学家的指导下解出了那道数学题。莱蒙托夫醒来以后，根据自己的回忆，画下了这位梦中数学家的肖像。这幅肖像至今还收藏在前苏联科学院的普希金馆，见过这幅肖像的人都说，这位数学家从形象上看，很像纳皮尔。当然，这不过是一则数学轶闻而已。

也许是长期的艰辛劳动，纳皮尔的健康状况每况愈下，仅隔三年，便与世长辞，年仅 67 岁。今天，我们在享用纳皮尔留给后人简捷的计算工具的时候，缅怀一下他的业绩，是对他的最好纪念。

名字被引用得最多的数学家

对于一个职业数学家来说，自己的成果被引用得越多，说明其水平越高；如果再被冠以自己的名字，则更是一种难得的荣耀。在数学的各个领域，柯西的名字随处可见，以他的名字命名的有柯西积分、柯西公式、柯西不等式、柯西定理、柯西函数、柯西矩阵、柯西分布、柯西变换、柯西准则、柯西算子、柯西序列、柯西系统、柯西主值、柯西条件、柯西形式、柯西问题、柯西数据、柯西积、柯西核、柯西网……而其中以他的名字命名的定理、公式、方程、准则等也有多种。

柯西(1789～1867)生于法国巴黎，他的父亲是法国波旁王朝的官员。在柯西幼年时，他的父亲常带他到法国参议院内的办公室，并且在那里指导他学习，因此他有机会得到参议员拉普拉斯和拉格朗日这两位大数学家的指点。在中学时，柯西的拉丁文和希腊文成绩优异，多次参加竞赛并获奖；数学成绩也深受老师赞扬。他于 1805 年考入综合工科学校，在那里主要学习数学和力学；1807 年考入桥梁公路学校，1810 年以优异成绩毕业。1815 年，柯西因研究液体表面波的传播问题，得到了流体力学中的一些经典结果，从而获得法国科学院数学大奖。1816 年，柯西先后被任命为法国科学院院士和综合工科学校教授，1821 年又被任命为巴黎大学力学教授。

柯西的创造力惊人，他一生共发表论文 789 篇，出版专著 7 本，他的全集从 1882 年开始出版到 1974 年才出齐最后一卷，总计 28 卷。从他 23 岁写出第一篇论文到 68 岁逝世的 45 年中，平均每月发表一至两篇论文。1849 年，仅在法国科学院举办的 9 次学术研讨会上，他就提交了 24 篇短文和 15 篇研究报告。他的文章朴实无华、充满新意。

自学成才的逻辑学大师

在数理逻辑发展史上，布尔是一位举足轻重的人物，被誉为“数理逻辑的创始人之一”。令人难以置信的是，布尔只是一个没有上过大学的中学毕业生。

布尔(1815～1864)生于爱尔兰的林肯，因家境贫困，中学毕业后便外出谋生。1835年，20岁的布尔开办了一所私人授课学校。为了给学生们开设必要的数学课程，他兴趣浓厚地读起了当时一些介绍数学知识的教科书。不久，他就感到惊讶：这些东西就是数学吗？实在令人难以置信。于是，这位只受过初等数学训练的青年自学了艰深的《天体力学》和很抽象的《分析力学》。由于他对代数关系的对称和美有很强的感觉，在孤独的研究中，他首先发现了不变量，并把这一成果写成论文发表。这篇高质量的论文发表后，布尔仍然留在小学教书，但是他开始和许多第一流的英国数学家交往或通信，其中就有数学家、逻辑学家德·摩根。摩根在19世纪前半叶卷入了一场著名的争论，布尔知道摩根是对的，于是在1848年出版了一本薄薄的小册子来为朋友辩护。这本书是他6年后更伟大的东西的预告，它一问世，立即得到了摩根的赞扬，肯定他开辟了新的、棘手的研究科目。布尔此时已经在研究逻辑代数，即布尔代数。他把逻辑简化成极为简单的一种代数。在这种代数中，适当的材料上的“推理”，成了公式的初等运算，这些公式比过去在中学代数第二年级课程中所运用的大多数公式要简单得多，这样就使逻辑本身受数学的支配。为了使自己的研究工作趋于完善，布尔在此后6年的漫长时间里，又付出了不同寻常的努力。1854年，他发表了《思维规律的研究》这部杰作，当时他已39岁，布尔代数问世了，数学史上树起了一座新的里程碑。几乎像所有的新生事物一样，布尔代数发明后没有受到人们的重视。欧洲大陆著名的数学家蔑视地称它为没有数学意义的、哲学上稀奇古怪的东西，他们怀疑英伦岛国的数学家能在数学上做出独特贡献。布尔在他的杰作出版后不久就去世了。20世纪初，罗素在《数学原理》中认为：“纯数学是布尔在一部他称之为《思维规律研究》的著作中发现的。”此说一出，立刻引起世人对布尔代数的注意。今天，布尔发明的逻辑代数已经发展成为纯数学的一个主要分支。

布尔刻苦钻研学问，一丝不苟，精益求精，35岁那年终于脱颖而出，以其卓越的成就获英国皇家学会奖章，应聘任科克王后学院数学教授。8年后，被选为皇家学会会员。布尔还在代数不变量和共变量理论的研究中硕果累累，以他名字命名的布尔环、布尔空间、布尔展开式、核的布尔正则点等便是明证。布尔的主要著作还有《逻辑的数学分析：论演绎推理的演算法》(1847)、《差分方程》(1859)、《有限差分计算》(1860)等。

布达佩斯的“魔术师”

1996年9月20日对世界数学界来说是个不幸的日子，这一天，一位数坛巨星坠落在华沙举行的国际数学会议上，尽管这位20世纪杰出的数学家以83岁的高寿与世长辞，但人们仍然痛惜不已，因为这位被誉为“布达佩斯的‘魔术师’”对数学家的贡献实在太大了，在对数论、概率论、实分析与复分析、几何、逼近论、集合论、组合数学诸多领域，都留下了他不朽的业绩，这里从美国《自然》杂志1996年(总第383期)上的一篇悼念文章里编译并重新组织了这位富有传奇色彩的大师之生平简介。

厄尔多斯1913年3月26日出生于匈牙利首都布达佩斯的一个犹太人家庭，父母均是数学教师，得天独厚的家庭环境使他对数学产生了浓厚的兴趣。他1930年进入布达佩斯大学学习，大学二年级时便显露出卓越的数学才能，以证明了一个著名的数学结果而受到国际数学界的称赞并被邀请参加数学家的会议。他经常访问剑桥、牛津和伦敦等知名大学，与一些著名数学家研讨数学问题。1938～1939 年，他在美国的普林斯顿高等研究院取得了举世瞩目的成就。20 世纪 60 年代是他取得显著成果的年代，他不仅与人建立了分割演算和随机图论，还与人合作解决了数论中的一个百年老问题。

厄尔多斯是个性格很独特的人，他一生未曾有过一个永久的职位，“另一个屋顶，另一个证明”是他的座右铭。他从 20 多岁起，辗转世界各地，访问做共同研究的同行朋友，他的合作者多达 500 余名，他的出版物大约有 1 500 件，这在数学史上是十分罕见的。尽管从 20 世纪 60 年代起，他大部分时间生活在美国，但他每年都要出访匈牙利、以色列、加拿大和英国等地进行学术交流，这种带着问题有目的的交往，无疑成了他取得重大成果的一种强力催化剂。

在生活中，厄尔多斯又是个十分谦逊的人，他不贪图学术荣誉，乐于帮助后人。他与陈省身在 1984 年分享了有名的沃尔夫奖，但他放弃了 5 万美元的奖金中的大部分，自己再提供资金，设立奖项，用以奖励那些解决由他提出的几百个被称为“厄尔多斯问题”的杰出数学家。他是匈牙利、美国、英国、印度等国家的科学院院士。他正像他所希望的那样生活：为了数学最伟大的利益，“证明与猜想”。在他古稀之年，仍保持着旺盛的精力，不断有惊世成果问世，一直到去世的那一天。

成为拿破仑座上客的数学家

能够成为总统的座上客,应该讲是莫大的荣幸,法国的蒙日就有这种待遇。蒙日和拿破仑志同道合,在拿破仑签署停战协议时,蒙日在场。蒙日还被拿破仑公开邀请到蒙泰贝洛宫,成为那里的常客。他们的友谊之深可以说是牢不可破,拿破仑能入选法国科学院的院士曾得到蒙日的大力帮助。那么,蒙日何许人也?

蒙日(1746～1818),法国数学家、化学家和物理学家,生于博恩的平民人家。少年时在家乡一所天主教会开设的学校学习,后转学里昂,16 岁毕业,留校任物理学教师。接着被推荐到梅济耶尔皇家军事工程学院学习,23 岁时任该校教师。蒙日 26 岁时被巴黎科学院选为通讯研究员,29 岁时任皇家军事工程学院"皇家数学和物理学教授"。34 岁时当选为科学院的几何学副研究员,38 岁时被任命为法国海军学员的主考官,46 岁时任海军部长达 8 个月,51 岁时任法国著名的综合工科学校校长，72岁在巴黎逝世。

蒙日是19世纪著名的几何学家，他在数学上的最大贡献是创立了画法几何学，由此推动了空间解析几何学的独立发展，奠定了空间微分几何学的基础。他因此有了“画法几何创始人”的美誉。他创立了偏微分方程的特征理论，引导了纯粹几何学在19世纪的复兴。此外，他在物理学、化学、冶金学、机械学方面也取得了卓越的成就。他的《大炮制造工艺》在机械制造界影响颇大。他的主要著作有《曲面的解析式》(1755)、《静力学引论》(1788)、《画法几何学》(1799)、《代数在几何学中的应用》(1802)、《分析在几何学中的应用》(1805)等。

数学大师高斯曾经说，蒙日的《画法几何学》一书简明扼要，由浅入深，系统严密，富有创新，体现了“真正的几何精神”，是“智慧的滋补品”。

学历史的数学家柯尔莫哥洛夫

曾经获得过沃尔夫数学大奖的前苏联著名数学家、现代概率论的奠基人之一柯尔莫哥洛夫竟然不是学数学出身，他最早是学历史的。

柯尔莫哥洛夫1903年出生在唐波夫镇。1920年，他考入了莫斯科大学，使他走上数学道路的也就是在这一年发生的一件事。当时，17岁的柯尔莫哥洛夫参加了由历史学家勃赫罗辛教授主持的研讨班。班上，他作了有关分析诺沃格勒土地财产登记册的学术报告，提出了新的观点，得到了勃赫罗辛教授的肯定和赞扬。但当他问这位教授能否发表他的成果时，得到的回答竟是："哪里的话，年青人，目前你只找到一个证明，这对历史学家来说太少了。至少需要五个证明。"柯尔莫哥洛夫闻之大失所望，他决心从事只要一个证明就能判定为真理的科学。从此，他与数学结下了不解之缘，因为"数学的最终结论只要一个证明就足够了"。功夫不负有心人，2年后，还是学生的柯尔莫哥洛夫发表了第一篇数学论文，轰动了数学界并被接收为莫斯科数学会的会员。1931 年，他成了莫斯科大学的教授；1933 年，年仅 30 岁的柯尔莫哥洛夫发表了他的著名论文《概率论的基本概念》，从而奠定了现代概率论的理论基础，也奠定了他在世界数学界的学术地位。6 年后，他被选为苏联科学院院士。

柯尔莫哥洛夫在其数十年的教育科研生涯中，创造了前苏联的数个之最。他的学术头衔有巴黎科学院、东德科学院、西德科学院、荷兰皇家科学院、波兰科学院、美国国家科学院、罗马尼亚科学院、伦敦皇家学会、伦敦数学会、美国哲学协会等授予的院士或理事，另有巴黎大学、柏林大学、华沙大学等多所大学聘他为荣誉博士。他培养的学生英才辈出，据不完全统计，成为国家院士的达 20 多人，有的还是举世闻名的数学家。

柯尔莫哥洛夫获得过 7 枚列宁勋章、1 枚十月革命勋章，并被授予“劳动英雄”的称号，是前苏联数学界的骄傲。

长寿数学家维诺格拉多夫

数学家长寿的并不多，20 世纪最杰出的数论大师、前苏联著名数学家维诺格拉多夫当属长寿的一位，他一生活了92 岁。

维诺格拉多夫(1891～1983)生于米洛留勃镇。在实验中学接受中等教育，1914 年毕业于彼得堡大学物理数学系，后留校继续深造，不久取得博士学位，并在 1920 年当上教授。1929 年当选为苏联科学院院士，从 1932 年起担任苏联科学院斯捷克洛夫数学研究所所长。他是巴黎科学院、柏林科学院、丹麦科学院、匈牙利科学院、南斯拉夫塞尔维亚科学院、波士顿美国科学院的院士，也是英国皇家学会的会员。他曾两度荣获社会主义劳动英雄称号，获得过 5 枚列宁勋章。

维诺格拉多夫从彼得堡大学毕业后，对数论特别爱好，1915 年就写出了第一篇学术论文《论勒让德符号的数值求和》。维诺格拉多夫在解析数论方面有杰出的贡献，被公认为当代解析数论大师。他创建了解析数论中的一种方法，并且借助这一方法取得了一系列发现，其中给出了著名的华林问题的一种新解法，其结果优于英国大数学家哈代得到的结果。他还证明了举世闻名的哥德巴赫猜想的推论。维诺格拉多夫一生完成了140多篇论著，代表作是《解析数论的一种新方法》，他的专著还有《数论中的三角和方法》等，他亲自撰写的数论教科书一版再版，广为流传。

是巡抚，更是数学家

苏州，曾是江苏巡抚衙门所在地。在历代的江苏巡抚中，徐有壬堪称是比较有名的一位。他的出名，并不在于其政绩，事实上，他是以镇压太平天国农民起义而终其一生的。但他那卓越的数学研究成果却为中国数学史添写了宝贵的一页。

徐有壬(公元1800～1860)，字君青，亦字钧卿，浙江湖州人，从小聪颖好学，29岁中进士，历任云南按察使，湖南布政使直至江苏巡抚。徐有壬非常喜爱数学，当官后，其研究数学的兴趣和爱好有增无减。他的后半生是在苏州度过的，良好的环境为他悉心研究数学提供了条件，“勤于探讨，不遗余力”是他读书的最大特点。徐有壬虽然天赋聪慧，但仍刻苦钻研，为研读某一数学专著，曾有过“积思三昼夜”的记录。

徐有壬对圆和堆积问题研究较深，他阐明了球面积与同径同高的圆柱面积之间关系的道理；他用屡乘和屡除法求得的对数表比西方传入的方法更简便。他一生著述很多，可谓硕果累累，主要有《测圆密率》3卷、《垛积招差》1卷、《椭圆正术》1卷、《截球解义》1卷、《弧三角拾遗》1卷、《椭圆求周术》1卷、《割圆八线缀本》4卷、《堆垛测圆》3卷、《圆率通考》1卷、《四元算式》1卷等。前7种于1872年刊印为《务民义斋算学》11卷，并都被收入《白芙堂算学丛书》，后3种因故未刊行。徐有壬的代表作是《割圆八线缀术》4卷，这是对三角函数幂级数展开式传入中国以来该项研究的一个比较系统的总结。所给“八线互求十二式”、“大小八线互求十八式”使得三角函数展开式大体完备。所创半符号式的缀术使幂级数的表示得以简化，在微积分传入中国之前有积极作用并在中国数学史上产生一定的影响。

徐有壬的数学研究成果，将永远镌刻在中国数学史的历史丰碑上。

两位波兰数学家与“苏格兰咖啡馆”的情结

巴拿赫与乌拉姆是波兰数学界的骄傲，前者曾任波兰数学会主席，以研究发明用他名字命名的巴拿赫空间、巴拿赫平均数、巴拿赫点阵、巴拿赫定理著称于世，其领导的里沃夫数学学派风靡全球，极大地推动了数学的发展；后者则是一位出色的应用数学家，后加入美国籍，与冯·诺伊曼研制了第一颗原子弹，是美国总统科学顾问委员会的顾问。然而，这两位杰出的数学家的发明创造，许多是在波兰里沃夫大学附近的“苏格兰咖啡馆”培育成长的。

话说当时任里沃夫大学教授的巴拿赫喜欢同他的几个学生或友人跑到“苏格兰咖啡馆”去要上一杯咖啡，一泡就是三四个小时，共同讨论数学问题，乌拉姆也时常在座，直到乌拉姆的晚年，身处美国的他还一直怀念着那个咖啡馆的氛围，那自由自在、悠然自得的心境，真是“一曲难忘”。他说，他喜欢波兰人的生活方式，波兰的咖啡馆适合考虑数学问题。

巴拿赫和乌拉姆等人在“苏格兰咖啡馆”有时会泡上十几个钟头，白色大理石的桌面上写满了用铅笔写下的数学论证和推导。写完了再讨论，然后就是一阵笑语，呷口喷香的咖啡，神清志然，一阵沉默，擦掉再写。巴拿赫甚至将一本笔记本存放在咖啡馆老板处，他们一来，老板便把本子连同咖啡一块送来。据统计，从 1935～1941 年的 6 年中，这本本子总共记录了 193 个高深尖的数学题目，迄今大约还有四分之一的问题悬而未决。有趣的是来喝咖啡者有个约定，证明或解答了某个问题可获得软糖或蛋糕一块的奖励，当然还少不了鱼子酱和啤酒。

数学的讨论有利于推动数学的发展，数学沙龙无疑是讨论的好形式，“苏格兰咖啡馆”便是明证。这也是值得我们现代人思考的。

有趣的数学家族

翻开数学发展的史册，可以看出整部数学史就是一部奋斗史。数学家们为了寻求心目中的琼楼玉宇，尽管面前是卷天席地的惊涛骇浪，还是一代接着一代地奋力向前，由此产生了许多子承父业的数学家庭，下面介绍的正是这样的父子数学家。

我国南北朝的祖冲之以其卓越的“祖率”举世瞩目，他第一个把圆周率 π 算到了 3.141 592 6 与 3.141 592 7 之间，其子祖暅是又一位杰出的数学家，以发明几何中的“祖暅原理”著称，其成就早于西方 1 000 多年。

清代的梅文鼎祖孙四代研究数学，他的两个弟弟（如梅文鼐）以及儿子、孙子、曾孙都通晓数学。梅文鼎一生著述丰厚，数学专著多达 40 卷，是清朝一代数学大家；儿子梅瑴成在数学方面也有很深的造诣，其父著作得以留世与他的编辑整理不无关系；孙子梅珏成的名著《赤水遗珍》对清朝数学产生了深远的影响。

有隅无独，与梅文鼎家族几乎同时代，西方出现了著名的贝努里数学家庭。雅科布和约翰兄弟分别在几何学和变分法中功勋卓著；约翰的儿子丹尼尔则以偏微分方程开拓者的殊荣载入史册；另一个儿子尼古拉在概率论中也多有贡献。中西方两大家庭在数学舞台上各领风骚，一时被传为美谈。

我国数学教育的先驱姜立夫教授之子姜伯驹院士可谓青出于蓝而胜于蓝，以他名字命名的“姜伯驹群”便是其数学成就的见证，正是长江后浪推前浪。

杰出的数学世家贝努利家族

从17世纪中期到18世纪的100多年间，在瑞士巴塞尔产生了一个数学史上绝无仅有的数学大家族——贝努利家族，家庭中前后出现了11位数学家。其中，享有盛名的有雅各·贝努利、约翰·贝努利、丹尼尔·贝努利等，他们在解析几何、微积分、变分法、概率论、微分方程等各个领域中作出了重要贡献，特别是微积分创立之后，贝努利家族推动了早期工作的发展。

雅各是这个杰出家族中第一个卓有成就的数学家，他早年奉父命学习哲学和神学，曾获哲学硕士和神学硕士学位。同时，雅各又研习天文学和数学，他特别喜爱当时新发明的微积分。1687年他成为巴塞尔大学数学教授，他发明了极坐标系，首次给出直角坐标和极坐标的曲率半径公式；在微分方程的研究中，他发现了贝努利方程；在概率论方面，他作了开创性的工作，写成了第一部概率论专著《猜度论》，对17世纪下半叶的概率论研究进行了全面的总结，引入了贝努利分布与贝努利定理，特别是给出了贝努利大数定理，并建立了描述独立试验序列的数学模型。

雅各的弟弟约翰 1695 年任荷兰格宁罗根大学数学教授。1705 年他接替刚刚去世的哥哥雅各，任巴塞尔大学数学教授。1696 年他向全欧洲的数学家挑战，提出了"最速降线问题"，从而导致了一门新的数学分支——变分法的诞生。约翰是 18 世纪对微积分贡献最大的数学家之一。1742 年，他出版了《积分学教程》，第一次对微积分作了系统阐述。约翰的著述颇丰，他的大量论文涉及曲线求长、曲线求积以及微分方程等等。他的研究范围还包括天文学、物理学和化学。约翰的三个儿子尼古劳斯第三、丹尼尔和约翰第二以及外甥尼古劳斯第二都是 18 世纪著名数学家，其中数丹尼尔最为有名。

丹尼尔 1716 年毕业于巴塞尔大学。在数学方面，他的研究涉及代数、概率论、微积分、微分方程等，在概率论上，他首次运用微积分学，并将概率应用于人口统计中，确定了正态分布误差理论，并发表了第一个正态分布表；在对弦振动的研究中，他第一次把傅立叶级数用于解适当的偏微分方程，并因此而被认为是第一位真正的数学物理学家。他在 1750 年当选为英国皇家学会会员。

雅各和约翰以及丹尼尔等的数学才能一直影响着他们的后代，并且代代相传。他们的子孙中相继又出现了不少数学家，贝努利家族对数学的巨大贡献永垂史册。

奇特的墓志铭

丢番图是古希腊数学家，亚历山大学派后期的重要学者和代表人物。对于丢番图的生平事迹，人们知道得很少。然而丢番图的墓志铭里却叙述了他的生平："过路人！这儿埋葬着哲人丢番图，他生命的六分之一是童年；再过了一生的十二分之一后，他开始长胡须；又过了一生的七分之一后他结了婚；婚后五年他有了儿子，但可惜儿子的寿命只有父亲的一半；儿子死后，老人再活了四年就结束了余生。"

为了知道丢番图活了多少岁，我们可以这样来考虑：题中只有一个四年和五年是具体数量，所以要考虑这九年占的分率，相除即可得出单位"1"即丢番图活的岁数。

$$\frac{4+5}{1-\frac{1}{6}-\frac{1}{12}-\frac{1}{7}-\frac{1}{2}}=\frac{9}{\frac{3}{28}}=84(\text{岁}),$$

即丢番图活了 84 岁。

也可以用方程来解:设丢番图活了 x 岁。

$$x = \frac{1}{6}x + \frac{1}{12}x + \frac{1}{7}x + \frac{1}{2}x + 9,$$

$$x = \frac{25}{28}x + 9,$$

$$\frac{3}{28}x = 9,$$

$$x = 84.$$

所以丢番图活了 84 岁。

在第二个计算中,关键在于设 x,而用字母表示未知数及由此进行的运算,正是丢番图在数学界的一大贡献,它成为现代符号代数的先声。

丢番图(约 246～330)对算术理论有深入的研究,其特点是完全脱离几何的形式,在希腊的数学中独树一帜。他认为代数方法比几何的演绎陈述更适宜于解决问题,而在解题的过程中显示出高度的巧思和独创性。他被后人称为"代数学鼻祖"不无道理。丢番图曾写过三部书,其中 13 卷本的《算术》最为出色,后失传。大约在 1463 年雷琼蒙塔努力发现了这部书的 6 卷,1560 年,帕茨发现了这部书原稿抄本,1621 年出版了《算术》的拉丁文、希腊文版本。《算术》中大部分问题是求解不定方程的,其解法非常巧妙,很少给出一般法则,即使性质相近的题,其解法也会大不相同。著名数学家汉克尔说:"研究丢番图 100 道题后,去解第 101 道,仍然感到困难重重。"

哥德巴赫其人

哥德巴赫(1690～1764)生于德国风景优美的历史古城哥尼斯堡,那里曾是大哲学家康德的诞生地,直到“二战”后,这里才变成苏联的加里宁格勒。他早年留学英国著名学府牛津大学,专攻法学,曾辗转访问欧洲各国,在瑞士期间,因结识了数学史上有名的贝努利家族而激发了他对数学的浓厚兴趣。他并不是职业数学家,当过中学教师,担任过俄国外交官,但他却对数学的研究极有深度,研究了曲线理论、微积分和无穷级数的问题。1725 年他被选为俄国彼得堡科学院的院士,还担任了五年的该院秘书职务,是一位集行政与科研于一身的全才。

哥德巴赫与当时的大数学家欧拉是好朋友,尽管两人不在一个国度,但始终保持着书信往来。“哥德巴赫猜想”是他于 1742 年 6 月 7 日写给欧拉的信中提出的猜想,由于自己不能解决它,试图通过号称“数学家英雄”的欧拉予以解决。然而，对于这个棘手的难题，列“有史以来最伟大的四大数学家”之一的欧拉也是无能为力，回信中明确表示“解决不了”，表现了一个真正的科学家实事求是的态度和风范。这一著名的猜想经历了漫长的两个半世纪，最后的胜利仍然没有获得。1900年，20世纪最伟大的数学家之一希尔伯特，在国际数学家会议上把“哥德巴赫猜想”列为23个数学难题之一。此后20世纪的数学家们在世界范围内“联手”进攻“哥德巴赫猜想”堡垒，终于取得了辉煌的成果。我国数学家在这一领域取得了举世瞩目的成绩，1957年，王元证明了“2＋3”。1962年，潘承洞证明了“1＋5”，同年又和王元合作证明了“1＋4”。1966年，陈景润得到的“1＋2”是世界上目前的最佳成果，也就是：“任何一个足够大的偶数，都可以表示成两个数之和，而这两个数中的一个是奇质数，另一个则是两个奇质数的和。”这个定理被世界数学界称为“陈氏定理”。而“1＋1”的最终证明只能寄希望于后来者了。

数学奇人康威

英国剑桥大学的约翰·康威教授以数以千计的游戏发明成为人人为之叹为观止的杰出天才。然而，正是这样一位满腹经纶、才华横溢的数学家，其另一面却是个不务正业的小丑。

如果我们到康威的办公室去，一定会对他产生极大的反感。在他那垃圾桶一样的办公室里，满地堆着如山似的论文、书籍、笔记本、信件、模型和图表；桌子抽屉塞满了各种稀奇古怪的玩具；椅子上是发了酸的牛奶和走了味的咖啡。更让人难以容忍的是康威竟然在大庭广众之下呈现其“疯子”的面目：在咖啡馆里，他是披头散发，满脸络腮胡子，赤着脚随地乱坐；甚至还听任17个月大的小儿子满地乱爬。

“才子”、“疯子”存于一体，委实令人不可思议，真是一位数学奇人。

约公元前3000年	埃及象形数字
公元前2400～前1600年	早期巴比伦泥版楔形文字，采用60进位值制记数法；已知勾股定理
公元前1850～前1650年	埃及纸草书（莫斯科纸草书与莱茵德纸草书），使用10进位值制记数法
公元前1400～前1100年	中国殷墟甲骨文，已有10进制记数法
周公（公元前11世纪）、商高时代	已知勾三、股四、弦五
约公元前600年	希腊泰勒斯开始了命题的证明
约公元前540年	希腊毕达哥拉斯学派，发现勾股定理，并导致不可通约量的发现
约公元前500年	印度《绳法经》中给出 $\sqrt{2}$ 相当精确的值，并知勾股定理
约公元前460年	希腊诡辩学派提出几何作图三大问题：化圆为方、三等分角和二倍立方
约公元前450年	希腊埃利亚学派的芝诺提出悖论
公元前430年	希腊安提丰提出穷竭法
约公元前380年	希腊柏拉图在雅典创办“学园”，主张通过几何的学习培养逻辑思维能力
公元前370年	希腊欧多克索斯创立比例论
约公元前335年	欧多莫斯著《几何学史》；中国筹算记数，采用十进位值制
约公元前300年	希腊欧几里得著《几何原本》，是用公理法建立演绎数学体系的最早典范
公元前287～前212年	希腊阿基米德，确定了大量复杂几何图形的面积与体积；给出圆周率的上下界；提出用力学方法推测问题答案，隐含近代积分论思想
公元前230年	希腊埃拉托塞尼发明“筛法”
公元前225年	希腊阿波罗尼著《圆锥曲线论》
约公元前150年	中国现存最早的数学书《算数书》成书（1983～1984年间在湖北江陵出土）

约公元前100年	中国《周髀算经》成书，记述了勾股定理；中国古代最重要的数学著作《九章算术》经历代增补修订基本定形（一说成书年代为公元50～100年间），其中正负数运算法则、分数四则运算、线性方程组解法、比例计算与线性插值法盈不足术等都是世界数学史上的重要贡献
约公元62年	希腊海伦给出用三角形三边长表示面积的公式（海伦公式）
约公元150年	希腊托勒密著《天文学》，发展了三角学
约公元250年	希腊丢番图著《算术》，处理了大量不定方程问题，并引入一系列缩写符号，是古希腊代数的代表作
约公元263年	中国刘徽注解《九章算术》，创割圆术，计算圆周率，证明圆面积公式，推导四面体及四棱锥体积等，包含有极限思想
约公元300年	中国《孙子算经》成书，系统记述了筹算记数制，其中"物不知数"题是孙子剩余定理的起源
公元320年	希腊帕普斯著《数学汇编》，总结古希腊各家的研究成果，并记述了"帕普斯定理"和旋转体体积计算法
公元410年	希腊希帕蒂娅，历史上第一位女数学家，曾注释欧几里得、丢番图等人的著作
公元462年	中国祖冲之算出圆周率在3.141 592 6与3.141 592 7之间，并以$\frac{22}{7}$为约率，$\frac{355}{113}$为密率（现称祖率） 中国祖冲之和他的儿子祖暅提出"幂势既同则积不容异"的原理，现称祖暅原理，相当于西方的卡瓦列里原理(1635)
公元499年	印度阿耶波多著《阿耶波多文集》，总结了当时印度的天文、算术、代数与三角学知识；已知$\pi \approx 3.1416$，尝试以连分数解不定方程
公元600年	中国刘焯首创等间距二次内插公式，后发展出不等间距二次内插法（一行，724）和三次内插法（郭守敬，1280）
约公元625年	中国王孝通著《缉古算经》，是最早提出数字三次方程数值解法的著作
公元628年	印度婆罗门及多著《婆罗门历算书》，公元656年中国李淳风等注释十部算经，后通称《算经十书》

公元 820 年	阿拉伯花拉子米著《代数学》，以二次方程求解为主要内容，12 世纪该书被译成拉丁文传入欧洲
约公元 870 年	印度出现包括零的十进制数码，后传入阿拉伯演变为现今的印度-阿拉伯数码
约公元 1050 年	中国贾宪提出二项式系数表（现称贾宪三角和增乘开方法）
公元 1100 年	阿拉伯奥马・海亚姆首创用两条圆锥曲线的交点来表示三次方程的根
公元 1150 年	印度婆什迦罗第二著《婆什迦罗文集》为中世纪印度数学的代表作，其中给出二元不定方程若干特解，对负数有所认识，并使用了无理数
公元 1202 年	意大利斐波那契著《算盘书》，向欧洲人系统地介绍了印度-阿拉伯数码及整数、分数的各种算法
公元 1247 年	中国秦九韶著《数书九章》，创立解一次同余式的大衍求一术和求高次方程数值解的正负开方术，相当于西方的霍纳法(1819)
公元 1248 年	中国李冶著《测圆海镜》，是中国现存第一本系统论述天元术的著作
约公元 1250 年	阿拉伯纳西尔丁・图西开始使三角学脱离天文学而独立，将欧几里得《几何原本》译为阿拉伯文。
公元 1303 年	中国朱世杰著《四元玉鉴》，将天元术推广为四元术，研究高阶等差数列求和问题
公元 1325 年	英国布雷德沃丁将正切、余切引入三角计算
公元 14 世纪	珠算在中国普及
约公元 1360 年	法国奥尔斯姆撰《比例算法》，引入分指数概念，又在《论图线》等著作中研究变化与变化率，创图线原理，即用经、纬度（相当于横、纵坐标）表示点的位置并进而讨论函数图像
公元 1427 年	阿拉伯卡西著《算术之钥》，系统论述算术、代数的原理、方法，并在《圆周论》中求出圆周率 17 位准确数字
公元 1464 年	德国雷格蒙塔努斯著《论一般三角形》，为欧洲第一本系统的三角学著作，其中出现正弦定律
公元 1482 年	欧几里得《几何原本》（拉丁文译本）首次印刷出版
公元 1489 年	捷克韦德曼最早使用符号“+”、“−”表示加、减运算

公元 1545 年	意大利卡尔达诺的《大术》出版，载述了费罗(1515)、塔塔利亚(1535)的三次方程解法和费拉里(1544)的四次方程解法
公元 1572 年	意大利邦贝利的《代数学》出版，指出对于三次方程的不可约情形，通过虚数运算必可得三个实根，给出初步的虚数理论
公元 1585 年	荷兰斯蒂文创设十进分数(小数)的记法
公元 1591 年	法国韦达著《分析方法入门》，引入大量代数符号，改良三、四次方程解法，指出根与系数的关系，为符号代数学的奠基者
公元 1592 年	中国程大位写成《直指算法统宗》，详述算盘的用法，载有大量运算口诀，该书明末传入日本、朝鲜
公元 1607 年	中国徐光启和利玛窦合作将欧几里得《几何原本》前六卷译为中文
公元 1614 年	英国纳皮尔创立对数理论
公元 1615 年	德国开普勒著《酒桶新立体几何》，有求酒桶体积的方法，是阿基米德求积方法向近代积分法的过渡
公元 1629 年	荷兰吉拉尔最早提出代数基本定理
	法国费马已得解析几何学要旨，并掌握求极大、极小值方法
公元 1635 年	意大利卡瓦列里建立“不可分量原理”
公元 1637 年	法国笛卡儿的《几何学》出版，创立解析几何学
	法国费马提出“费马大定理”
公元 1639 年	法国笛沙格著《试论处理圆锥与平面相交情况初稿》，为射影几何先驱者
公元 1640 年	法国帕斯卡发表《圆锥曲线论》
公元 1642 年	法国帕斯卡发明加减法机械计算器
公元 1655 年	英国沃利斯著《无穷算术》，导入无穷级数与无穷乘积，首创无穷大符号∞
公元 1657 年	荷兰惠更斯著《论骰子游戏的推理》，引入数学期望概念，是概率论的早期著作。在此以前帕斯卡、费马等已由处理赌博问题而开始考虑概率理论
公元 1665 年	英国牛顿一份手稿中已有流数术的记载，这是最早的微积分学文献，其后他在《无穷多项方程的分析》(1669 年撰，1711 年发表)、《流数术方法与无穷级数》(1671 年撰，1736 年发表)等著作中进一步发展流数术并建立微积分基本定理

公元 1666 年	德国莱布尼茨写成《论组合的技术》，孕育了数理逻辑思想
公元 1670 年	英国巴罗著《几何学讲义》，引进"微分三角形"概念
约公元 1680 年	日本关孝和始创和算，引入行列式概念，开创"圆理"研究
公元 1684 年	德国莱布尼茨在《学艺》上发表第一篇微分学论文《一种求极大值与极小值和切线的新方法……》，两年后又发表第一篇积分学论文，创用积分符号
公元 1687 年	英国牛顿的《自然哲学的数学原理》出版，首次以几何形式发表其流数术
公元 1689 年	瑞士伯努利提出"最速降曲线"问题，后导致变分法的产生
	法国洛必达出版《无穷小分析》，其中载有求极限的洛必达法则
公元 1707 年	英国牛顿出版《广义算术》，阐述了代数方程理论
公元 1713 年	瑞士伯努利的《猜度术》出版，载有伯努利大数律
公元 1715 年	英国泰勒出版《正的和反的增量方法》，内有他 1712 年发现的把函数展开成级数的泰勒公式
公元 1722 年	法国棣莫弗给出公式 $(\cos\varphi+\mathrm{i}\sin\varphi)^n=\cos n\varphi+\mathrm{i}\sin n\varphi$
公元 1730 年	苏格兰斯特林发表《微分法，或关于无穷级数的简述》，其中给出了 n! 的一个无穷级数展开式的斯特林逼近
公元 1731 年	法国克莱罗著《关于双重曲率曲线的研究》，开创了空间曲线的理论
公元 1736 年	瑞士欧拉解决了哥尼斯堡七桥问题
公元 1742 年	英国马克劳林出版《流数通论》，试图用严谨的方法来建立流数学说，其中给出了马克劳林展开式
公元 1744 年	瑞士欧拉著《寻求具有某种极大或极小性质的曲线的技巧》，标志着变分法作为一个新的数学分支的诞生
公元 1747 年	法国达朗贝尔发表《弦振动研究》，导出了弦振动方程，是偏微分方程研究的开端
公元 1748 年	瑞士欧拉出版《无穷小分析引论》，与后来发表的《微分学》(1755)和《积分学》(1770)一起，以函数概念为基础综合处理微积分理论，给出了大量重要的结果，标志着微积分发展的新阶段
公元 1750 年	瑞士克莱姆给出解线性方程组的克莱姆法则
	瑞士欧拉发表多面体公式 $v-e+f=2$

公元 1770 年	法国拉格朗日深入探讨代数方程根式求解问题，考虑有理函数当变量发生置换时所取值的个数，成为置换群论的先导 德国朗伯开创双曲函数的全面研究
公元 1777 年	法国布丰提出投针问题，是几何概率理论的早期研究
公元 1779 年	法国贝祖著《代数方程的一般理论》，系统论述消元法理论
公元 1788 年	法国拉格朗日的《分析力学》出版，使力学分析化，并总结了变分法的成果
公元 1794 年	法国勒让德的《几何学基础》出版，是当时标准的几何教科书 法国建立巴黎综合工科学校和巴黎高等师范学校
公元 1795 年	法国蒙日发表《关于把分析应用于几何的活页论文》，成为微分几何学先驱
公元 1797 年	法国拉格朗日著《解析函数论》，主张以函数的幂级数展开为基础建立微积分理论 挪威韦塞尔最早给出复数的几何表示
公元 1799 年	法国蒙日出版《画法几何学》，使画法几何成为几何学的一个专门分支 德国高斯给出代数基本定理的第一个证明
公元 1799 ～1825 年	法国拉普拉斯的 5 卷巨著《天体力学》出版，其中包含了许多重要的数学贡献，如拉普拉斯方程、位势函数等
公元 1801 年	德国高斯的《算术研究》出版，标志着近代数论的起点
公元 1802 年	法国蒙蒂克拉与勒让德合撰的《数学史》共 4 卷全部出版，成为最早的较系统的数学史著作
公元 1807 年	法国傅里叶在热传导研究中提出任意函数的三角级数表示法（傅里叶级数），他的思想总结在 1822 年发表的《热的解析理论》中
公元 1810 年	法国热尔岗创办《纯粹与应用数学年刊》，这是最早的专门数学期刊
公元 1812 年	英国剑桥分析学会成立 法国拉普拉斯著《概率的解析理论》，提出概率的古典定义，将分析工具引入概率论
公元 1814 年	法国 柯西宣读复变函数论第一篇重要论文《关于定积分理论的报告》（1827 年发表），开创了复变函数论的研究

公元 1817 年	捷克波尔查诺著《纯粹分析的证明》，首次给出连续性、导数的恰当定义，提出一般级数收敛性的判别准则
公元 1818 年	法国泊松导出波动方程解的“泊松公式”
公元 1821 年	法国柯西出版《代数分析教程》，引进不一定具有解析表达式的函数概念，独立于波尔查诺提出极限、连续、导数等定义和级数收敛判别准则，是分析严密化运动中第一部影响深远的著作
公元 1822 年	法国彭色列著《论图形的射影性质》，奠定了射影几何学基础
公元 1826 年	挪威阿贝尔著《关于很广一类超越函数的一个一般性质》，开创了椭圆函数论研究 德国克雷尔创办《克雷尔数学杂志》 法国热尔岗与彭色列各自建立对偶原理
公元 1827 年	德国高斯著《关于曲面的一般研究》，开创曲面内蕴几何学 德国麦比乌斯著《重心演算》，引进齐次坐标，与普吕克等开辟了射影几何的代数方向
公元 1828 年	英国格林著《数学分析在电磁理论中的应用》，发展位势理论
公元 1829 年	德国雅可比著《椭圆函数论新基础》，是椭圆函数理论的奠基性著作 俄国罗巴切夫斯基发表最早的非欧几何论著《论几何基础》
公元 1829～1832 年	法国伽罗华彻底解决代数方程根式可解性问题，确立了群论的基本概念
公元 1830 年	英国皮科克著《代数通论》，首创以演绎方式建立代数学，为代数中更抽象的思想铺平了道路
公元 1832 年	匈牙利波里埃发表《绝对空间的科学》，独立于罗巴切夫斯基提出了非欧几何思想 瑞士史坦纳著《几何形的相互依赖性的系统发展》
公元 1836 年	法国刘维尔创办法文的《纯粹与应用数学杂志》
公元 1837 年	德国狄利克雷提出现今通用的函数定义（变量之间的对应关系）
公元 1840 年	法国柯西证明了微分方程初值问题解的存在性
公元 1841～1856 年	德国魏尔斯特拉斯关于分析严密化的工作，主张将分析建立在算术概念的基础之上，给出极限的 $\varepsilon-\delta$ 说法和级数一致收敛性概念；同时在幂级数基础上建立复变函数论

公元 1843 年	英国哈密尔顿发现四元数
公元 1844 年	德国库默尔创立理想数的概念 德国格拉斯曼出版《线性扩张论》。建立 ν 个分量的超复数系，提出了一般的 ν 维几何的概念
公元 1847 年	德国施陶特著《位置的几何学》，不依赖度量概念建立射影几何体系
公元 1849 ～1854 年	英国的凯莱提出抽象群概念
公元 1851 年	德国黎曼著《单复变函数的一般理论基础》，给出单值解析函数的黎曼定义，创立黎曼面的概念，是复变函数论的一篇经典性论文
公元 1854 年	德国黎曼著《关于几何基础的假设》，创立 ν 维流形的黎曼几何学；英国布尔出版《思维规律的研究》，建立逻辑代数(即布尔代数)
公元 1855 年	英国凯莱引进矩阵的基本概念与运算
公元 1858 年	德国黎曼给出 ζ 函数的积分表示与它满足的函数方程，提出黎曼猜想；德国麦比乌斯发现单侧曲面(麦比乌斯带)
公元 1859 年	中国李善兰与英国的伟烈亚力合译的《代数学》、《代微积拾级》以及《几何原本》后 9 卷中文本出版，这是翻译西方近代数学著作的开始 中国李善兰建立了著名的组合恒等式(李善兰恒等式)
公元 1861 年	德国魏尔斯特拉斯在柏林讲演中给出连续但处处不可微函数的例子
公元 1863 年	德国狄利克雷出版《数论讲义》，是解析数论的经典文献
公元 1865 年	伦敦数学会成立，是历史上第一个成立的数学会
公元 1866 年	俄国切比雪夫利用切比雪夫不等式建立关于独立随机变量序列的大数律，成为概率论研究的中心课题
公元 1868 年	意大利贝尔特拉米著《论非欧几何学的解释》，在伪球面上实现罗巴切夫斯基几何，这是第一个非欧几何模型 德国黎曼的《用三角级数表示函数的可表示性》正式发表，建立了黎曼积分理论

公元 1871 年	德国克莱因在射影空间中适当引进度量而得到双曲几何与椭圆几何,这是不用曲面而获得的非欧几何模型 德国康托尔在三角级数表示的唯一性研究中首次引进了无穷集合的概念,并在以后的一系列论文中奠定了集合论的基础(1874 年发表)
公元 1872 年	德国克莱因发表《爱尔朗根纲领》,建立了把各种几何学看作为某种变换群的不变量理论的观点,以群论为基础统一几何学 实数理论的确立:康托尔的基本序列论;戴德金的分割论;魏尔斯特拉斯的单调序列论
公元 1873 年	法国埃尔米特证明 e 的超越性
公元 1874 年	挪威李开创连续变换群的研究,现称李群理论
公元 1879 年	德国弗雷格出版《概念语言》,建立量词理论,给出第一个严密的逻辑公理体系,后又出版《算术基础》(1884)等著作,试图把数学建立在逻辑的基础上
公元 1881 ~1884 年	德国克莱因与法国庞加莱创立自守函数论
公元 1881 ~1886 年	法国庞加莱关于微分方程确定的曲线的论文,创立微分方程定性理论
公元 1882 年	德国帕施给出第一个射影几何公理系统 德国林德曼证明 π 的超越性
公元 1887 年	法国达布著《曲面的一般理论》,发展了活动标架法
公元 1889 年	意大利皮亚诺著《算术原理新方法》,给出自然数公理体系
公元 1894 年	荷兰斯蒂尔杰斯发表《连分数的研究》,引进新的积分(斯蒂尔杰斯积分)
公元 1895 年	法国庞加莱著《位置几何学》,创立用剖分研究流形的方法,为组合拓扑学奠定基础 德国弗罗贝尼乌斯开始群的表示理论的系统研究
公元 1896 年	德国闵可夫斯基著《数的几何》,创立系统的数的几何理论 法国阿达玛与瓦里-布桑证明素数定理
公元 1897 年	第一届国际数学家大会在瑞士苏黎世举行
公元 1898 年	英国皮尔逊创立描述统计学
公元 1899 年	德国希尔伯特出版《几何基础》,给出历史上第一个完备的欧几里得几何公理系统,开创了公理化方法,并预示了数学基础的形式主义观点

公元1900年	德国希尔伯特在巴黎第二届国际数学家大会上作题为《数学问题》的报告，提出了23个著名的数学问题

辑者注：鉴于现代数学的飞速发展及个人的数学素养等原因，上述年表未能将20世纪后数学大事的相关内容列出。但考虑到一定的完整性，我们把20世纪中国数学的情况作一个简单的介绍，以附录2的形式给出。

20 世纪以来的中国数学，虽然几经波折，但仍以一日千里的姿态向前跃进着。

辛亥革命一声炮响，推翻了满清王朝。一大批知识分子在寻找中国的富强之路，科学救国成为时代的最强音。在数学领域里，出现了一些奋力追赶世界水平的有为青年，江苏泗阳县的胡明复成为第一个得到博士学位的中国数学家，其博士论文《平直微积分方程论》引起了世界数坛的震动。从辛亥革命到"五四"运动的几年间，又出现了姜立夫（中国第一任数学研究所所长）、熊庆来（数学大师华罗庚的老师）、陈建功、陈省身（后任美国数学会副主席）等才华横溢的数学家。特别是距胡明复在美国发表博士论文三年后，一代学者陈建功在日本的《东北数学杂志》上发表的《关于无穷积的一些定理》成为中国第一篇世界级数学论文，标志着中国现代数学的兴起。其后，陈省身的纤维丛理论、华罗庚的解析数论等纷纷冲出亚洲，走向世界，举世瞩目。

新中国的诞生，给数学界带来了勃勃生机。40 年来，在数学的各个分支领域中人才辈出，数学研究部分已进入世界先进水平的行列。华罗庚的多复变函数，吴文俊的示性类及示嵌类研究，苏步青的 k 展空间和一般度量空间的几何学，陈景润的哥德巴赫猜想，冯康的有限元方法，关肇直的控制理论，杨乐、张广厚的亏值理论，廖山涛的微分动力体系，谷超豪的规范场理论等等都令人瞩目。

经历了一个世纪的风风雨雨，中国现代数学已开始走向成熟。

1980年以前，中国数学家在国外出版的专著只有6本，但到1990年统计，在国外已出版专著44本，另有10余本在印刷中，若将约稿计算在内，则总数将近100本。国际上最负盛名的斯普林格出版社出版了36名数学家的选集，其中有3名华人：陈省身、华罗庚、许宝禄。这家出版社出版的数学丛书已收有3位中国青年数学家肖刚、时俭益、王小路的著作。

我国在1956、1982、1987、1989年共四次颁发国家自然科学奖。各个自然科学学科共有394项成果获奖，其中数学有39项。近年来，还出现了不少以数学家名字命名的数学奖，如"许宝禄统计数学奖"(1984年)、"陈省身数学奖"(1985年)、"华罗庚金杯奖"(1986年)、"钟家庆纪念基金"(1987年)、"苏步青数学教育奖"(1991年)等。这些数学奖的设立，进一步推动了我国现代数学的蓬勃发展。

1986年，中国在国际数学联合会(IMU)的代表权问题终获解决。国际数学联合会第十届会员国代表会议于1986年7月31日至8月1日在美国加利福尼亚州的奥克兰举行。在这次会议上，一致通过了中国数学会提出的方案，即中国为第一类会员国，共5票投票权，其中有中国数学会3票和位于中国台北的数学会2票、中国数学会理事长吴文俊和秘书长杨乐以观察员身份参加会议。此后，中国数学界与IMU的交往增加，1990年我国派出70人的队伍参加了在日本京都举行的国际数学家大会。我国曾经有华罗庚、陈景润、冯康接到过邀请，但因当时代表权未获解决而没有出席。1986 年在伯克利的会议上，吴文俊应邀作了 45 分钟学术报告《中国数学史的新研究》。1990 年京都会议上，我国旅美的数学家田刚、林芳华各作了 45 分钟报告。

在陈省身教授的倡导下，1988 年和 1991 年在天津南开大学召开了两次“21 世纪中国数学展望学术讨论会”。会议提出了“数学科学研究率先赶上世界先进水平”的口号。陈省身说：“要有信心，千万把自卑的心理放弃。要相信中国会产生许多国际第一流的数学家，也没有理由说中国不能产生牛顿、高斯级的数学家。中国应该能够有自己的数学研究课题，平等独立地开展与国际数学界的交流。”我们坚信，“21 世纪数学大国”的目标一定会成为现实！